# すぐに実践できる
# コミュニケーション読本

西野 樹美子［著］

中央経済社

# はじめに

本書を手に取ってくださった方は、少なからず「ご自身のコミュニケーション」あるいは「周囲の方のコミュニケーション」に「これでいいのか?」という思いを抱いている方なのだろうと推察いたします。

私は普段、企業や学校教育の現場といったところで研修を執り行っております。そうした現場での声に耳を傾けておりますと、ある傾向に気づくことができました。それは、どんな人であっても「誰かと関わることを求めている」ということです。

デジタル機器を使ったコミュニケーションが主流になりつつある現代であっても、最後は実際に会って「確認をする」ということをしている現場が多いです。私たちの世界でよく言っているのが「20世紀は物の時代。21世紀は心の時代」であると……。

メールなどといったコミュニケーションツールが発達して、いろんな方が使うようになったからこそ、より人とのつながりを求めるようになったのではないでしょうか。そして、そうしたつながりが必要であるということにも気づいたのでしょう。

人にしかできないことがあります。スキルの進歩や新しいものが現れることにより、確実に人の生活は変わります。より便利に、より速くといったことへの欲求はとどまることころを知りません。

しかし、結局はそうした便利な機器も人間が生み出したもの。使う人が賢く使ってナンボのものだということも同時に肝に銘じておいてほしいと思います。

今や現代人の生活に欠かせなくなったパソコンやスマートフォン、タブレットなどに向き合っていても、それに疲れたときには「話し相手がほしい」と思うものです。仕事を終えて職場を一歩出れば、仲間や恋人、あるいは寛げる家庭へと気持ちが傾くものです。あなたの周りには、心置きなく話ができる人はいますか？

ご自身を取り巻く環境は、自分でつくり出したものです。自分から行動を起こし、話しかけ、ご縁をつないでいるのです。必要な人との関わりはご自身がつくるものであるのだと認識してくださいね。まず、すぐにできること……。それは、人に興味を持つということとコミュニケーションの場は自分からつくり出すということです。

●もくじ

## 第4章　相手との関わり方を考える

## 第5章　相手にわかるように伝える



## 第6章　職場でのコミュニケーションをさらに良くする10のコツ
―ケーススタディですぐわかるコミュ力アップ法

## ［最終講座①］　就職活動中のあなたへ

# 第0章

# コミュニケーション力について

# 1 コミュ力って要するに何ですか？

就職活動の場でも、また職場でも、頻繁に耳にする「コミュニケーション力＝コミュ力」。この「コミュニケーション」はもともとは英語の単語ですが、日本語としても当たり前のように使われるようになって久しいようです。しかし、私たちは本当に「コミュニケーション」の意味や目的を理解して、この言葉を使っているのでしょうか。

「コミュニケーション」を辞書で調べると、そこに「意思の伝達」とか「意思の疎通」と書かれていることが多いですね。でも、この意思の「伝達」または「疎通」という言葉の意味を理解して、本当に「ああ、そうなんだ」と納得して、それを実践できている人が果たしてどのくらいいるのでしょうか？

まず私は、「知っている」ことと「できている」ことはまったく別物なんだということを、ここでしっかりとお伝えしたいと思います。そして何よりも、「コミュニケーション」に関しては「頭で考える」ことよりも「感じる」ことのほうがずっと大事なんだ、ということもここで強調しておきます。

そう、これは理屈ではないのです。もちろん、小手先のテクニックなど通用しないし、王道などどこにも存在しない。だから、常に「人間関係の悩み」が皆さんの〝悩み〟のダントツ一位をキープしているのです。それほど人間にとっては〝永遠の課題〟なのですね。

さて、それでは「コミュニケーション力」って何だろう？

いったい何のために必要なのでしょう？

いろんな言い方がありますが、私はコミュニケーションとは、

「相手と自分の認識のズレを小さくしていく作業」

であると、いつもお伝えしております。

人はもともと「誰かから認められたい生き物」です。ですから、お互いにわかり合い、意思を伝え合うには、お互いに「認識のズレ」をできるだけ小さく修正していく必要があります。この場合の「認識のズレ」とは、たとえば同じ言葉を見聞きしても、それぞれに感じることは違っていて、まったく同じということはないという意味です。すなわち、

人間は「個々に感じることが違っている」のが当たり前である

そのことを私たちはしっかりと頭に入れておくべきなのです。

個々人の顔つきが違うように、みんな考え方や感じ方は違っています。

「えっ？　そんなことは百も承知だ！」

確かにそうでしょう。それでは、なぜ人はこうも違うのでしょうか？

それは、それまで歩んできた人生が誰一人として同じではないからです。人は誰しも、ごく自然に、自分が経験してきたことをもとに「この先起こるであろうことを推測する」のです。当然、まったく同じ経験をした人などはどこにも存在しないわけですから、考え方や感じ方が違っているのです。それを「認識のズレ」と、私は表現しています。

あるいは、これは認識だけの問題ではなく、判断や行動の「基準」である場合もありますね。こうした「基準」は、人と付き合ううえで重要なポイントになります。なぜなら、各人それぞれが〝自分基準〟をもって生きているのだから、その現実を無視しては何もできないからです。

## 2 認識のズレは何をもたらすのか?

すると、自分と「認識のズレ」が大きい人や、「考え方・感じ方」がまったく違う人と付き合うことは、かなりのストレスを生むことが想像できますね。しかしながら、ストレスになるからと言って誰とも接点を持たない、付き合わないわけにはいきませんよね?

でも、誰しも不要なストレスは避けたいところです。ただでさえ、生きて行くうえでは大変な課題が山積しているのです。だからこそ、誰しもが「あの人に対応するのにはどうしたらいいのだろう?」といつも考え、悩むのでしょう。

本書では、そうした悩みを解決するお手伝いをさせていただけると思います。しかし、あなたがこの本に書かれていることのすべてを受け入れる必要はありません。「なんだ、こんなことでいいんだ」というポイントが見つかったら、それを実践して試してみる、ということでもよいのではないでしょうか。

さあ、本書には皆さまの**コミュニケーション能力（コミュ力）**をアップさせるためのヒントがたくさんあります。ご自分のコミュ力がどんどんアップして、みるみる対人関係が改善していく様子を想像しながら、また期待でワクワクしながらページをめくってくださいね。

# 第1章

# 相手は自分とは人格も別なのです！

# 1　ズレを小さくする作業がコミュニケーション

さて、理屈の上では相手（他の人）は自分とは別人格である、というのは理解できていますが、すぐ目の前にいる〝相手〟との関係が親しくなればなるほど、人には「感情」という厄介なものが芽生えてきます。

もちろん、感情のすべてが厄介なものばかりではなく、たとえば〝思いやり〟の気持ちもそこにはあり得ますが、同時に「自分はそう思っているのだから、相手もそう思っているに違いない」といった、自分勝手な「期待や希望」といったものが織り込まれてきます。そうなると、本当の意味で「相手の事を考える」という部分に気持ちがいかなくなります。そして、「私はこんなに一生懸命に伝えているのに、どうしてわかってくれないの？」という自分中心の考えに振り回されてしまいます。

人間とは本来、どんな人でも「周囲の人たちに認められたい」という欲求を持っているのです。ですから、コミュニケーションのスタートは、「相手の存在を認める」ところからでなければなりません。それをしないで、「私が、私が……」という行動や言動を続けても、その先には何も生まれません。先ほども書きましたが、相手は自分とは別人格なのです。

それならば、両者間で〝ドンピシャ〟の一致を求めるのではなく、双方の間にあるさまざまなズレを少しずつ小さくしていく作業こそが、まさに「コミュニケーション」なのだとお考えになればよいのです。巷には「相互の理解」などと簡単に言う方がいますが、実はそれがとても難しいことなのです。

たとえば、あなたが相手を理解しようなんて思っていても、相手が自分自身のことをオープンにしてくれなければ（自己を開示しなければ）、あなたは知る由もないのです。あくまで一方だけの努力ではどうしようもないのが、コミュニケーションなのです。

**★ここに注意しよう★**

コミュニケーション力を向上させるための出発点とは？

それはまず、相手に興味を持って接することです。それができなければ何も始まりませんね。

## 2 何度も同じことを言わせるな!!

おい、何度も同じことを言わせるなよ！

職場ではとてもよく耳にする言葉ですね。

「何度も同じことを言わせるんじゃない!!　いい加減に覚えろ!」

この言葉は、まさに〝伝える側〟目線のものです。すなわち〝言う側〟の立場・視点から出ている言葉です。それでは、聴き手の本音はどうなのでしょうか?

私が代弁しますと、

「それなら、わかるように言ってほしいよなぁ」

そうなのです!　実は、伝える側の人は「自分の言っていること」は誰にもすぐ理解できるはずだと思い込んでいます。しかし実は、言う側は自分の発言がきちんと相手に伝わっているかどうかを確認する必要があります。自分の言ったことが相手に伝わっているのか否か、そこを確認せずに「言いっぱなし」でどんどん先に進んで行くと、ついには取り返しのつかない事態に至ることもあるのです。たとえば〝恋愛〟の場でも、こうしたボタンのかけ違いはよく起きているのです。

何度も言うように、自分と同じ人間は一人もいないのですから、自分ならこの言葉で話してもらえば内容をきちんと理解できる、と思っていても、相手は必ずしもそうではないのです。

それでは、どうすればよいのでしょうか?

**★ここに注意しよう★**

私が講師として登壇しているときにも意識していることなのですが、「ここは間違いなく伝えたい」と思うところは、それこそ「手を替え、品を替え」という発想で、同じ内容をいくつかの異なる表現で伝えるのです。そうするうちに、各人が「あ！　そういうことね」というポイントにたどり着き、「納得」できる地点に落ち着くのです。

会話は常に流れて行くものです。じっと集中しているつもりでも、何かのタイミングで相手の言葉を聞き逃すこともあり得ます。それは相手も同じです。繰り返して念を押すことは悪いことではありませんし、無駄なことでもありません。

人は同じことを三回言われると潜在意識に刷り込まれる、とも言われています。ご本人が意識せずとも、いつの間にか刷り込まれているのですね。こうしたことも、コミュニケーションに活用するとストレスが軽減されます。

# 3　言葉以上に伝わるツールもある

そして、さらに重要なことがあります。それは、

「無理に言葉だけで伝えようとしないこと」

です。

講師として登壇すると、コミュニケーションというと「会話」によるものとお考えの方が圧倒的に多いことに驚かされます。おそらく、イメージしやすいからなのでしょうが、実は「言葉以上に伝わるもの」の重要性を無視すると〝ミス・コミュニケーション〟が頻発する傾向にあることをご存知でしょうか？　ここがとても大切なところなのです。

もともと人は、視覚からの情報のほうが認識しやすいものなのです。まして、若い方ほどビジュアルから入る傾向にありますから、そこをうまく使わない手はありませんね。一見面倒なようではありますが、ここは重要なポイントなのです。

### ★ここに注意しよう★

言葉で伝えられることには限界があります。ですから、言葉による情報と視覚からの情報との良い部分を両方とも使って、コミュニケーションのギャップを埋めてください。職場でのジェネレーションギャップを乗り越えるためにも有効です。

コミュニケーションの手段（ツール）は実は言葉だけではなく、いろいろなものがあります。たとえば、表情、声、文字、しぐさ、ファッション、香り、スキンシップなどが、言葉以外に用いられるツールです。ですから、人間のコミュニケーションツールとしての「言語」を発信する声というのは、これらとセットで使われるものですね。

どんな言葉で表現するのか、声のトーンや話すスピード……一言に「会話」といっても、そのバリエーションは想像以上に多いものです。そして、話すときの〝表情〟は本当に侮れません。

「表情」という言葉を分解すると、まさに「情が表れる」となります。つまり、自分の心の有りようが顔に表れるということです。しかも、手鏡でもあれば自分の表情を確認できますが、通常はそういった環境にはありません。でも、相手には「丸見え」なのです。自分の表情には注意しないといけないですね。

日本語には「顔色をうかがう」という表現もあります。人は自然に（無意識に）相手の表情を見て、その人の感情を読み取ろうとします。誰でもそうなのです。だから、油断できない……というよりも、むしろ、そこをうまく使わない手はないのです。

## 4　文章・しぐさ・ファッション・香り……

そして、今やかつてよりもずっとデジタル処理が多くなった「文字」でも、言葉の選択や行間の取り方といった配慮により、相手に与える印象が違ってくることもお忘れにならないでください。

メールのやりとりから発生するトラブルについては、後に触れることにしますが、ビジネスでもプライベートでも、実はメールのトラブルが驚くほど増えています。ちょっとした配慮で回避できることばかりなのですが、それでも気づかないでいることが多いのです。

またしぐさについては、表情と同様にその人の気持ちが表れやすいものです。もっと言えば、「言葉では何とでも言えるが、しぐさ（行動）ではウソをつけない」ものなのです。だからこそ、そうしたところも気を抜かないでおきたいです。

ファッションはその人の「自己表現」であると捉えられると同時に、実は「相手への配慮があるかどうか」を判断される材料にもなり得ます。つまり、たとえば「自分さえ良ければ＝いま自分はカッコイイはず！」といったファッションでは、場合によっては同席している方に不快な思いをさせる可能性がある。そのようなところまで想像できるかどうかが、コミュ力が身についているかどうかのポイントになりますね。あまり神経質になることはありませんが、特にビジネスシーンでは気をつけたいところです。

そして、意外なところで「香り」「匂い」があります。これは五感のなかで唯一「大脳辺縁系」というところで感じるものです。そもそも、この「大脳辺縁系」は人の本能に基づく行動や感情を支配するところであり、したがって、とても記憶に残りやすいのです。

## ★ここに注意しよう★

よい香りの人という印象ならよいのですが、香りには人を不快にさせるものもあります。しかも、そういった類の香りについては他人はめったに指摘しないものです。だからこそ、日ごろから体調を整えて体臭や口臭には充分に気をつけたいものです。

もちろん、香水をつけることも一つの方法ですが、これも〝量〟に気をつけないと相手に不快な思いをさせかねません。

最後にスキンシップです。これはオフィスワークといったシーンで積極的に取り入れることは難しいものかもしれません。特に異性とのスキンシップは要注意です。しかしながら、親子関係や親しい友人、恋人同士やご夫婦などの間では積極的にコミュニケーションの一環として取り入れてほしいですね。

スキンシップをすることで、心理的な距離が縮まるということはご存知の方も多いと思います。そして、スキンシップによる心地よい感情がその瞬間の経験とつながり、そのときの行動のイメージまでもがよくなるのです。子どものころ、何かよいことをして、親から「よく頑張ったね」と頭を撫でられながら褒められた経験のある方の多くは、大人になっても「頭を撫でられる」というスキンシップで甘い気持ちになるもの……。スキンシップにはそういう効果があることも知られています。

以上、簡単にコミュニケーションの手段をいくつかピックアップしてみました。すべてをいきなり実践するのではなく、できそうなことから試してみてください。きっとあなたのコミュニケーションは今よりもさらに良いものになるはずです。

## 5 「伝える」ということだけにフォーカスしない

職場では、年齢の違いや世代間のギャップは避けられません。双方における価値観の違いを把握して、「互いに忙しい中で仕事をしている」……つまり、時間はとても大切なものであるということをわかったうえで、コミュニケーションをよりよくしていくために、お伝えしておきたいことがあります。

それは、

「相手は伝えたとおりに話を理解してくれない」

ということです。

ここまで何度もお伝えしているように、誰もが「相手と自分は別人格である」という事実は頭でわかっているのですが、実際は「自分を理解してほしい」という願望があり、自然にそれを相手に期待してしまいます。つまり、自分が何かを伝えたときに、きっと相手はこう感じるはずだ……と、勝手にストーリーをつくってしまうのです。

しかし、相手の反応が自分のつくったストーリーと違ったものであったときには、心ならずも嫌な気持ちになってしまいます。そうすると、コミュニケーションの場の温度は一気に下がってしまいますね。冷気がサーッと流れてくる感じになります。

## ★ここに注意しよう★

そこで、「何かを伝える」ということよりも、むしろ「相手の理解力」にフォーカスして情報の発信をするように気をつければ、選択する言葉も違ってきます。すなわち、自分の願望や期待、そして勝手につくり上げたストーリーに振り回されないで、目の前にいる相手に「伝わるように」情報発信をすることを心がけるようにしてみてください。驚くほど伝わり方が変わってきます。

いくら世間が広いといっても、「お前、こんなこともわからないのか？」という無言のメッセージが含まれている発言を喜んで受け止める方などほとんどいないのです。まずは、相手に「伝わるように」という真摯な姿勢が見えれば、誰もその相手に悪意は抱かないのではないでしょうか。

# 第2章

# まず「聴くこと」から始めよう！

## 1　わかっているのに、できない

序章でも少し触れていますが、コミュ力はイコール「話す力」ではありません。たしかに、かつては「コミュニケーション＝会話」とも言われていましたが、ここ数年は「聴くこと」がとても大切なのだと言われ始めました。実はコミュニケーションのカギを握るのは受け手である「聴く側」にあるのだということに多くの方が気づき始めたのです。

しかしまた、世の中には〝傾聴の仕方〟を教えるセミナーまで存在し、それを受講している方々もおられるにもかかわらず、世間一般のコミュニケーションの質は一向に上がらない状況です。これはなぜでしょう？

私が考えるには、実はまだ多くの人たちは「どうして聴くことが大切なのか？」という部分をしっかりと認識していないのではないか、すなわち、頭でわかっているだけで、心の深いところにストンと落ちていないのではないでしょうか？

実際、この「聴く」という行為は大変に実行が難しく、忍耐の要るものだということです。いわゆる「頭の回転の速い人」ほど、話し手がこれから話すことの先が読めてしまって、もう途中から話を聴かなくなる……という傾向もあるようです。

さらにもっと悪いのは、相手の話を遮って、まさに話のクライマックスである「結論部分」を自分で言ってしまう。このようなことがあると、コミュニケーションを深めようとしているその場の空気は、もうすっかり冷えてしまいますよね。自分が言いたいことを相手が言ってしまっては、もう気持ちも冷めるしかありません。

こういうとき、聴き手がまずなすべきことは何でしょう？　それは、

「私はあなたの話を聴いていますよ」

という信号を、すなわち《しっかりあなたの話を聴いてますメッセージ》を話し手に送ることなのです。そして、話し手がしゃべりやすい空気をつくり出すことが非常に大切なのです。

しかし、言うは易く行うは難し。もともと、相手の話をきちんと聴いていないと、話し手が発信する情報をしっかりキャッチできませんから、慎重さと正確さが要求されます。まして、話し手全員が全員自分の気持ちを言葉にすることに長けているわけではないのですから。

そして今度、立場が逆になったとき、話し手だった人が先ほどまで聴き手だった人の話に真剣に耳を傾けるかどうか、それも影響するのです。当たり前ですが、人は誰しも自分の欲求を満たしてくれた相手には好意を抱きます。

皆さんは、どんな人の話だったらしっかり聴こう、聴かなくちゃ、と思いますか？

やはり、信頼できる人、頼ることのできる人、そして自分の話を真剣に聴いてくれた人では

ないでしょうか？

逆に考えれば、相手もそう思っているわけです。自分の話にいつも耳を傾けてくれる人は好ましいし〝信頼できそうだ〟と感じるのです。ですから、普段の会話での「自分の態度」イコール〈他者の話をどう聴いているか〉が、いざという場面でとても意味をもってきます。

**★ここに注意しよう★**

すなわち、あなたの普段の「聴き方」が、いざ部下に指示を出して彼らを動かそうとする時点では大きく影響するのだということを、いましっかりと心に刻んでください。また、部下や後輩が自分の指示どおりに動かない、きちんと話を聴かない、そういうときには、ご自身が相手の話を聴くときの姿はどうなのか、自ら振り返ることも必要でしょう。

## 2 聴き手も発信者なのです

さて、当たり前ですが、会話の当事者は「話し手」と「聴き手」です。一般的に、その一方である「聴き手」を「受け身」であると思っている方がとても多いようですが、それは少し認識に問題があるようにも思います。

なぜなら、この「聴く」という行為は、ただ物理的に耳に入ってくる音を「聞く」のではなく、相手の発信する「情報」を正確にキャッチして「理解」することなのです。

そしてさらに知っておくべきことは、

**話し手は「聴き手」の反応にかなり影響される**

ということです。だからこそ、「聴き手」は受け身の姿勢ではなく、「しっかり聴いていますよ」という信号を話し手に発信する必要があるのです。

皆様もご経験があるかと思いますが、ぜんぜん反応のない人に話をするのはとても難しいと思いませんか？　実は、私たちは話をしながらも、自分の言っていることが相手にきちんと伝わっているのかどうか、無意識にいつも確認しているのです。その際の相手の反応が鈍ければ、話し手である自分はとても会話が続けにくくなり、あげくに極度の緊張状態に陥ってしまうこともあるのです。

かつて、高校生のときにクラス全員で先生にイタズラをしたことがありました。それは、先生が何を話しても無視をする……というもの。その先生は初めのうちこそ、生徒を自分の方へ注目させようといろんな手を尽くしましたが、15分もするとその先生はパニックになって教員室へと戻ってしまいました。いま思い起こせば大人を相手に随分ひどいことをしたものだと反省しきりです。

もちろん、教員室へ戻った先生のもとへと全員で伺ってお詫びをしました。その後、先生と一緒に教室に戻りましたが、そのときの先生のホッした表情が忘れられません。相手が高校生とはいえ、日ごろから人前に立ち、話をすることを職業としている人でさえ、聴き手の反応に影響を受けるものなのです。それとほぼ同様のことが、日常の〝対面による会話〟でも行われているのだと思えば、聴き手の反応がどれだけ話し手に対して影響力をもつものかがおわかりいただけると思います。

さて、聞き手の側の対応ですが、ただ「うなずく」とか「相槌を打つ」とか、そういうことだけではありません。ここで〝反応〟というのは、その人の〝表情〟や〝態度〟も含むということを覚えておいてください。これは大切なポイントですよ。

### ★ここに注意しよう★

たとえば、いくら自分では「しっかり聴いているよ」信号を話し手に送っているつもりでも、頬杖をつきながら、あるいは何か作業をしながら……というのでは、相手は自分の話を真剣に聴いてくれているとは思いません。人がインプットする情報は〝視覚からの情報〟がほとんどですから、少しオーバーなくらいの反応でちょうどよいのだ、ということをお忘れなく。

## 3　自分の表情・態度はどう伝わっている？

何かに熱中している、真剣な顔。それは、ある意味で心を打つものですが、これが聴き手として発信している〝信号〟として受け止められるなら、少々考えたいところです。それというのも、

**人は真剣になると「怖い顔になる」傾向がある**からです。

そうなると、話し手は〝怖い顔〟に神経がいってしまい、きちんと発信されているであろう「あなたの話をしっかり聴いているよ」信号をキャッチすることができなくなります。考えてみると、そうですよね。まず、怖い顔の人と良好なコミュニケーションが取れるかどうか、少し想像力を働かせればわかりますよね。

### ★ここに注意しよう★

そして、注意すべきなのは〝無意識にしてしまう動作や態度〟です。無意識ですから、指摘されないと気づきませんが、話し手としては気になって仕方がないものがいくつかあります。

たとえば、腕組み。これは、考えごとをするときに思わずしてしまう、あるいは手持無沙汰なのでついこの姿勢をとってしまう、そういう人がほとんどだと思いますが、話し手の側には、場合によっては、

「あなたを受け止めることはできません」

という拒絶の信号として伝わってしまいます。さらに、座っているときに脚を組むという動作。これも、どうしても横柄に見えるのと同時に、相手を拒絶する信号として伝わる場合が多いかもしれません。

このように、話を聴く側の当人が、自分の意図しない方向に話し手に信号が伝わってしまうのは大変に残念なことです。しかも、話し手はそのような動作が気になりながらも、その動作の真意を確認することはまずありません。つまり、誤解が生じた状態のまま会話が進んでしまうということになるのです。まったく、お互い無言のうちに誤解が生じてしまう残念なケースです。それでは、こうしたことを回避するには、いったいどうしたらよいのでしょうか？

まず日頃から、ご自分の表情や態度を意識してみてください。ご自分がお話になるときに、相手がどういう反応だったら話をしやすいか、すなわち、聴き手がどんな表情や動作であれば話しやすく、また聴き手の側の理解度が話し手に伝わりやすいか、それを意識するだけでも大きく違ってきます。

よく言われるフレーズで『気持ちがあれば伝わる』というのは、半分は当たっていますが、でも不十分なのです。気持ちはもちろん大事ですが、きちんと表現して相手にわかってもらわなければ、結果としては何も伝えていないのと同じなのです。

## 4 一度は受け止める

会話のなかでは、当然に意見の隔たりや衝突、見解の相違が生まれます。そのような場面で、考えが違うといっていちいち喧嘩をしていたら、とても〝大人の会話〟になりませんし、コミュニケーションも生まれません。当たり前ですが、自分と同じような人生観や世界観をもつ相手としか話さないなどという幼稚な人物は、まともに生きていけません。

では、どのように会話を進めるのがよいのでしょうか？　まず、どんな人でも自分の話を真っ向から否定されれば「よい気持ちはしない」という事実を認めましょう。相手にとって自分の話を真っ向から否定されるのは、自分の意見や考えを否定されたというより、むしろ「自分自身を否定された」と感じるのです。

たとえば、学会か何かで理論的な討議をしていて、いま甲乙をつける、そういう場なら別ですが、ふだんの生活や仕事の場では、たとえ相手と意見が異なっても、すぐにむきになって反論するようなやり方は慎みましょう。

たしかに、自分が聴き手に回っている場合、話し手の言うことに対して「自分とは意見や考えがまったく違う！」と思った瞬間から、どうしてもすぐに反論したくて仕方がなくなってしまうのが人間なのです。そして、そのような気持ち〈反論してギャフンと言わせたい〉は当然、前述したように自分の表情や態度に如実に表れます。そうすると、相手にとって話しにくい状況を生み、コミュニケーションにとってマイナス効果を発揮するわけです。

**★ここに注意しよう★**

何度も言いますが、相手は自分とは別人格なのです。違った意見や考えが、むしろ当然なのです。コミュニケーションの場では、相手の考えや視点が「間違っているかどうか」は別問題です。

あなたは感情的になることなく、じっくりと相手の発信する情報をキャッチしてみてください。すると、自分の意見や考えと相手のそれとの「共通点」や「相違点」を具体的に見出すことができて、きちんと話し手の発する情報を受け止めることができるはずです。自分の意見や考えと違うものをすぐに「受け入れる」のは、誰にも難しいのですが、「受け止める」ことは誰にでもできます。

要は、相手から投げられた情報をしっかりキャッチするだけですから……。そうすることにより、話し手である相手は「自分の話にしっかり耳を傾けてくれた」と、あなたの真摯な態度に満足して、逆にあなたから違う意見や考えが発信されても嫌な気持ちにはなりにくいのです。違って当たり前なのだということを、ここでもう一度お伝えしておきますね。

## 5 雑談も活用できます

仕事中に無駄話をしてはいけない！　たしかに、仕事もしないで楽しそうに話しているのを見ると、そう言いたくもなります。

でも、雑談にコミュニケーションの種がたくさん潜んでいるのだということも否めません。ですから。もし誰かに仕事上の悩みがあった場合、その人は職場の同僚などと雑談をすることで、直接に自分の悩みを解決するための内容でなくても何らかのヒントが隠されている、そういったケースもたくさんあります。

どんな状況でも、物事を多面的に見ることが大切だと指摘しましたが、雑談もまたそのひとつではないかと思います。一面では無駄に見えるようなことに、実は小さなヒントがたくさんあったりするのです。

もちろん、雑談の場合、話をしている人は「あなたにヒントを教えてあげる」というような気持ちはないでしょう。でも、聴いている人が「あっ、そういうことなのか!」と、会話のなかにある一つの言葉で何かの解決法がひらめいたりすることはよくあるのです。しかし私は、「ただ延々と雑談を続けるのが良いこと」と言っているわけでもありません。コツコツと地味な作業で煮詰まったときなど、ちょっと席を外して誰かと立ち話をしたり、昼食の時間などを雑談に活用したり、さらにもっと時間を取りたい場合には仕事の後で、そういうこともあってよいと思います。とにかく、仕事の場では何ごとにも緩急をつけて気分転換を図らなければ効率も上がりません。そうしたことも覚えておいてほしいのです。

また、雑談といっても自分が何を話したらよいのかわからない、そういう方も多いです。こうした方々はもともと自分から情報を発信することが得意ではない場合が多いと思います。今までの経験で、自分が話すと「会話が盛り上がらなかった」という苦い思い出があったりして、それがさらに状況を悪化させているのです。

当たり前ですが、人間の本質はそう簡単に変わるものではありません。ですから、自分が何を苦手としているのか、そこをきちんと認識したうえで、自分がどのように行動を起こせばよいのかを知ることができればしめたものです。それはすぐにできることではありませんが、冷静に自分を見つめて行くことで何かが見えてくるのではないでしょうか。

## ★ここに注意しよう★

仕事では、「自分は人付き合いが苦手だから」などと言ってはいられません。

もし、あなたが〝自分は人付き合いが苦手なほうだ〟と思うなら、ご自分の周囲にいる方でお手本になりそうな人を真似てみることも必要かもしれません。世の中には「人が好き」という方もときどきおられますが、多くの人は何らかの〈努力〉をして、どうにか人付き合いをしているのです。

実際、昼間はとても温厚な男性が、夜になってお酒が入ったりするとかなり荒れることもありますが、その人は昼の間はじっと自分を抑えて温厚に振舞っているのです。これはある意味かなり極端なケースですが、多くの場合、みんな努力しているのは事実です。

**コミュニケーション力は、とにかく場数を踏むことで質が上がって行きます**

読者のみなさんも、自分より若い人たちが臆することなくどんどんと人と関わって行けるよう、ぜひ彼らをサポートしてください。これこそが〝人財の育成〟です。ただ仕事の段取りを覚え込ませるだけが人財の育成ではありません。部下や後輩にコミュ力を身につけさせることも、とても重要なことです。

また当然、彼らがさまざまなビジネスシーンで瞬時の判断に迷わないように、仕事上のいろいろな局面でできるだけ多くの〝有効な選択肢〟を示すことも、彼らにとってはおそらく一生の「宝物」になることと思います。

# 6 質問力を磨く

たとえば、何かの研修やセミナーの会場で、「質問のある方はいらっしゃいますか?」と、司会進行役の人から声をかけられて、それでも誰も手を挙げず、とても気まずい状態になる。よくある光景です。こうしたシーンの背景には、実は「言い出しにくい雰囲気が漂っている」ことがほとんどなのです。ですから、誰かが最初に切り出すと、その後に続いてどんどんと質問が出ることがあります。

さて、上手な質問をするにはどうすればいいのでしょうか? 実は、話を聴いているときに質問の内容を考えながらまとめていくことが大事なのです。講師の話をきちんと聴いていれば、「あれ? 今のところ、よくわからないな」という部分が残るはずです。

そして、質問をすることは、自分が相手(講師)の話に大きな関心をもっているという信号の発信にもなるので、その場はよい雰囲気になります。逆に「何かご質問はありませんか?」と聞かれて、「あ、大丈夫です」などと言ってしまっては、逆に「あなたの話にはあまり興味がありません」という信号を相手に伝えることになり、白けた空気がその場に漂ってしまったり、聴き手の真剣さが疑われたりしますので、これには気をつけましょう。

# 7 相手の話が長いときは？

さて、いよいよ本章の最後です。ここまでコミュニケーション力をアップするうえで「聴くこと」がいかに大切かを述べてきました。しかし、いくら聴くことが大切だと言っても、ずっと聴き手にまわっているのはつらいものです。まして相手の話が長くて、いつまで続くかわからないようなときには、誰でも少し焦るかもしれません。それではなぜ、その話し手はくどくどと長い話をするのでしょうか？

まずここで、それを考えてみましょう。一つには、その話し手が鈍い人である可能性、すなわち「空気を読めない人」というケースです。そして二つには、ご本人が「聴き手がまだ話をしっかり理解していない」と思い込んで、まさに好意から、一生懸命に話を続ける場合も考えられます。後者のようなケースでは、聴き手としては、いつも以上に「しっかり聴いていますよ」とか「理解できていますよ」という、相手を安心させる信号を送る必要があります。

そしてそのときには、ただ無言で「うなずく」だけではなく、思いを言葉に出して、「なるほど」とか「それはすごいですね」とか、会話をつくりながら相づちを打つことが大事です。もっと言えば、相手の話の最後の部分を繰り返して声に出す〈オウム返し〉話法をすると、さらに効果的です。

そうすることにより、相手は自然に、ぺらぺらと話し続けることを中断する形にもなります。

## ★ここに注意しよう★

そして、キラーワードとして、こんなフレーズも覚えておいてください。

「今のお話、大変参考になりました。もっとお話を伺いたいのはやまやまですが、このあとで取引先との約束がありまして……。後日、ぜひ続きをお聞かせ願えますか」

と、相手の自尊心を傷つけることなくやんわりと中断するのです。こうすれば、嫌な雰囲気にもならずに、こちらに時間の余裕がないことを伝えられます。お互いに嫌な気持ちになることなく、こうして上手に断るテクニックも、いわばコミュニケーション力の発揮と言えます。

# 第3章

# 「言葉だけで伝える」意識を捨てよう!

# 1 非言語メッセージの重要性

さて、本書の第2章では『相手の話を聴くこと』の意味を説明しました。これはコミュ力を上達させるために本当に重要なことですので、先に解説しました。そして本章では、言葉以外の手段を使って自分のメッセージを伝える方法について考えてみましょう。

たとえば知り合いの誰かから、「海外旅行に行ったとき、その国の言葉はまったく話せなかったけど、その場でどうにかなってしまった」、そういう類の話を聞かれた経験のある方も多いのではないでしょうか？

こうした話題のときすぐに言われるのが、「気持ちがあれば伝わるんだよね」という台詞です。でも、実際にはどうでしょうか？

気持ちだけでどうにかなるでしょうか？

私もそれを全面的に否定はしませんが、むしろその前に、〝その人が必死になって自分の意思を伝えよう〟として〈言語以外の手段〉でコミュニケーションを行った可能性に注目します。いわゆる〝身ぶり手ぶり〟のことです。もちろん、相手が外国人でなくても、こうした手段は誰もが自然に活用するものなのです。

そしておそらく、実際に「どうにかなった」として、その当人は事前にそうした方法（非言語の手段）を具体的に考えていたわけではないでしょう。その場で自然と行動した結果、人間の本能的な部分とか必死さのなかから生じたのでしょう。

## ★ここに注意しよう★

とにかく当たり前ですが、どこの国の人であっても人間には変わりありません。人間の持つ一般的性質はみな共通なのです。ですから、どこの国の人に対しても「視覚情報」がコミュニケーションでは大きな役割を果たします。

一つの具体的な根拠は、

**人が外部から受け取る情報は圧倒的に視覚情報である**

すなわち、〈目で見ることで得られる情報〉だということです。そしてこの事実は、何度強調しても強調し過ぎることはないのです。

そういう視点に立つと、海外でその国の言葉が話せない旅行者が必死に（また自然に）自分の表情や動作といったもの〈非言語〉で〝意思〟を伝え、結果としてうまく行ったという現実を見ないで、すぐに「気持ち」という情緒的なところに焦点を合わせるのは、これはいかにも日本人的な感覚ですね。

ここで改めて視覚情報の大切さを確認しておきましょう。

**人は目で見たものを信頼し、目で見て確かめて、そして判断を下す**という傾向にあります。コミュニケーションの場では、この基本的な事実を大いに活用するようにしたいですね。

実際に私が研修を担当するときにも、言葉以上に伝わるものをかなり意識しています。立ち居振る舞い、声のトーン、表情、服装など……です。ぜひ今後は皆さんも、相手の視覚を意識して人と関わるようにしてください。相手に気づいてもらうことももちろんですが、ご自身の感覚も研ぎ澄まされて行きます。

## 2 『口ばっかりの人』……にならないために

心のなかでじっーと何かを思っていても、相手には伝わらない。言葉にして届けなければ、何も伝わらない。たしかにそのとおりだと思います。しかし、言葉にするだけですべて正確に伝わるのでしょうか？　ここは大切なポイントです。皆さんも考えてみてください。

たとえば、「気持ちがこもっていない」ことを理由に相手に不満をぶつける人もいます。こういう人は〝繊細な人〟とも言えるし、また〝鋭い人〟とも言えるかもしれません。実際、自分の体験を思い起こしても「言葉だけ」で「心がともなっていない」状態というのは、どういうわけか相手に伝わってしまいます。では、何が原因で相手に「お見通し」となるのでしょうか。

俳優のように言葉に気持ちを込めれば誠意が伝わる？

これではかえってワザとらしい感じがしますよね。実は私たちが求めているのは、言葉にプラスされる〝非言語のメッセージ〟なのです。つまり、「ありがとう」という言葉を伝達するだけではなくて、きちんと相手を見て〝感謝の気持ち〟をしっかり表情に表すことにより、お礼を言われた相手は初めて、「ああ、喜んでもらえた！」という気持ちになります。

いちいちそんなことできない？

そんなふうに思わないでください。多くの方はできているのですが、なぜか職場でのコミュニケーションという「非プライベート」の環境になると構えてしまって、自然にできなくなってしまうようです。

**★ここに注意しよう★**

中年以降の方はおわかりと思いますが、人は経験を積むことにより、「言葉だけなら何とでもうまく言える」ようになります。しかし同時に、「人は行動ではウソがつけない」ことも知っています。だから昔から、人の評価とは「その人の発言ではなく、その人の行動によって」下すべきだとも言われています。このように、相手が自分より人生の先輩であればあるほど、相手はあなたの言葉だけでは判断してきません。「その言葉にウソはない」という〝非言語のメッセージ〟を添える必要がある、ということを覚えておいてください。

# 3 無言の力

あの人、少し黙っていてくれないかな……。自分がそう感じるときに相手が黙っていてくれるのはありがたいのですが、反対に相手の〝反応〟が欲しいとき、その人の〝沈黙〟ほど怖いものはありませんね。

また、会議などで自分が意見を求められたとき「何も言えない」こともあります。こういう場面での沈黙は、他の出席者からは「無責任さの表れ」と厳しく評価されがちです。すなわち、人任せの沈黙は「無責任」か「無関心」と判断されます。そして、そういう冷ややかな空気が流れた空間では、もはや建設的な話し合いはできません。

自分が意見を求められた場合は、

何かしら意見を発信することが求められている

のが明白なのですから、沈黙を貫くということは大変危険だということはご理解いただけると思います。一方、沈黙がどんな言葉よりも価値をもつという瞬間もあります。昔から世界中で言われる『沈黙は金、雄弁は銀』という言葉は有名です。

私がある結婚披露宴にご招待をいただいたときのことです。披露宴では恒例の「新婦の友人からのお祝いの言葉」の場面、しかしこのとき、前に出た新婦の友人がマイクを前にして言葉につまってしまったのです。彼女は、用意してきたであろう原稿も読むことができない状態です。

もちろん、何を話したらよいのかわからなくて沈黙しているのではないことは、そこにいる誰もがわかっているのです。友人の花嫁姿を前にして、いろんな想いが込み上げてしまって「言葉にならない」状態です。でも私は、こうした瞬間には〝沈黙〟が言葉以上の価値を持つと思いました。

なぜなら、彼女の〝沈黙〟は意図してつくられたものではなく、まさに伝えたいことがたくさんあり過ぎて、言葉ではなく「体全体で」それを伝えようとしていたからです。そして、そのことの「価値」や「重み」は、おそらくそこにいた人たちのほぼ全員に理解されたはずなのです。

こうした〝沈黙〟は、会議の席での〝沈黙〟などとは質がまったく違います。発言を求められても答えない、無責任、無関心、話すことがない、だから黙る……というものとは本質が違います。

したがって、こうした〝マイナスの沈黙〟がコミュニケーションのうえで役に立つことは難しいわけです。でも逆に、言葉では伝えられないものを伝える〝プラスの沈黙〟は、相当なパワーを発揮できる可能性があるのです。やはり同じ「沈黙」といっても、いろいろあるのだということです。

前述したように「沈黙は金」とも言われます。ただし、「金」になり得る沈黙は限られたものだということなのです。黄金の輝きをうちに秘めた〝沈黙〟こそ、価値のあるものなのです。

★ここに注意しよう★

このように、〝非言語メッセージ〟はとても大きな力を秘めていますが、私たちはなかなかそれに気づきません。また、非言語メッセージというのは、すぐに実行しようとしてできることでもありません。誰にとっても、ただ言葉で伝えるよりも「沈黙とともに自分の姿（体全体）で伝える」ことのほうがはるかに難しいですし、忍耐のいることなのですね。

読者の皆さんも、どうか言葉だけではないコミュニケーション〈非言語手段〉をもっと活用する方向で工夫して、これからのビジネスシーンにおいて有能な人財をしっかり育てていただきたいと思います。

**やって見せる**
**やらせてみせる**
**できたものをほめて、改善点を伝える**

人財の育成には大変な時間と労力が必要です。だからこそ、コミュニケーション力を互いに磨き上げて、良い職場環境をつくり上げて行ってください。

# 第4章

# 相手との関わり方を考える

# 1 相手との相性が良くないと思ったら

たとえば職場の上司、または年長の知り合い、そんな相手から理不尽な指示を受けたり、ときには説教される。こうした人たち、自分にとって不都合なことをしてくる相手のことを「もう最悪だ！」と思ってしまうことがありますね。

しかし、前述したように、「相手は自分とは別人格」なのです。当然のことながら、自分にとって都合のよいようにばかり反応してくれません。しかも、相手が職場の上司であるならば、いくらこちらが嫌であっても、とりあえず「必要最低限のコミュニケーション」は必要です。

それでは、いったいどうすれば、あなたが快適に過ごす環境に変化させることができるのでしょうか。あるいは、自分が変わることでしょうか？　たしかによく言われます。相手を変えることはできない、だから自分が変われ、と。まさに〈定番のアドバイス〉です。

実は、それも大切なことではありますが、私は思うのです。自分がどこかで無理をすれば、いずれ不満が溜まって感情が爆発して、現状よりかえって悪い状況を引き起こす可能性もあります。

ですから、ここでは別の観点に立って考えてみたいと思います。

一般的に、そうした「最悪な人」はどのようなタイプの人でしょうか？　ここで代表的なタイプを考えてみましょう。

- 人が〝間違っている〟ことに黙っていられない
- 瞬間湯沸かし器のように感情的である
- とにかく仕事のことしか考えない
- 言葉の使い方を知らない
- なんでも自分でしてしまう
- 協調性がない
- 数字しか信用しない
- 本音がわかりにくい
- とにかく〝前向き〟が身上、いわゆる「ポジティブシンキング系」
- 飽きっぽく、集中力がない
- 冷静沈着だが、少し冷たすぎる

もちろん、もっともっと例をあげられますが、職場で問題になりそうなタイプをピックアップしました。なぜいま、このような分類をしたかというと、実はコミュニケーションを今よりもよいものにするためには、誰に対しても同じアプローチをする方法では効果がないからです。

自分のほうで「相手がどのようなタイプの人間であるか」を見極めて、事前にしっかりと工夫をする必要があるのです。相手を知ることの大切さは、有名な中国古代の兵法書『孫子』にも書かれているとおりで、

敵を知り己を知らば百戦して殆うからず

なのです。

こうして、自分の居心地のよい環境づくりをしていくことが大切です。そして、皆さんにここで勘違いしてほしくないのは、今から説明することは決して相手に「媚を売ったり」また「無理して相手に合わせる」というものではありません。私が皆さんに言いたいことは、「自分という物差し」以外のものを持ち合わせることの〈大切さ〉なのです。

### ★ここに注意しよう★

周りの人がすべて自分にとって理想のタイプの人であればよいのですが、現実にはむしろそういう人のほうが圧倒的に少ないという、当たり前のことも併せて認識しておきましょう。ご自身が完璧ではないように、相手も完璧ではないのです。

# 2 職場でのジェネレーションギャップについて

学生時代には、人間関係は年齢的にも世代的にもほぼ横並びの状態です。したがって、コミュニケーション環境も比較的単純なものです。さらに、日本の大会社やお役所などの職場では、学卒者一括採用という世界にも希な制度のおかげで、各世代ごと縦並びが普通です。そして当然、そこに発生するのが「ジェネレーションギャップ」です。

たとえば、実際によくあるケースを考えましょう。何かのタイミングで上司や年長者が部下や後輩に、「俺の若いときは……」などと話し始めると、途端に部下や後輩は「うぁー」となって辟易してしまいますね。しかし、上司や先輩となった〝彼ら〟にだって、かつては若かりしころはあったわけです。それを全否定することはできません。

要は、伝え方・話し方の問題なのです。当然のことですが、時代とともにさまざまなことが変わり、古いものは（少なくとも一部は）廃れていきます。そして、それと入れ替わりに新たなものが生み出されているのですから、上司や先輩が「自分たちが経験してきたこと」を無理に若い世代に伝えようとしても意味がないというのは一面の真実です。同時に具体的な方法論としても、ただごり押しで「俺たちの若いときは〜」と説教しても、人生経験の浅い若い人たちにはそれを受け止める器量が備わってはいないでしょう。

もちろん、上司や先輩たちの経験談を聴くことで多くの学びがあることも確かです。したがって、年長者や職場の先輩たちは、自分の経験を語る「タイミング」と「伝え方・話し方」の工夫をして、自分たちがどんなに頑張ってきたか、一生懸命に生きてきたかを、むやみに説教臭くならないように話して聴かせてほしいと思います。

世間やマスメディアでは、いつの時代にも各世代ごとにネーミングするのが好きなようです。たとえば、60代中ごろの方々は〝団塊世代〟、50代の方々は〝ポスト団塊世代〟、さらに40代は〝バブル世代〟で、30代は〝就職氷河期世代〟、また20代は〝ゆとり世代〟などなど。私は40代ですが、就職するときは「新人類」と呼ばれたものでした。

こうした、いわばレッテル貼りによって、各世代の人間はみな同じような、皆が似たタイプの人間であるかのように見られる傾向も一部にありますが、**実際は一人ひとりが違っている**のです。

先日も私はこんな経験をしました。某企業の方とお話をしているときに、相手から「あの子はゆとりちゃんだから……」という言葉が出てきたのです。私はその方に、「具体的にゆとり世代の方たちとその前の世代の方たちとの違いは何でしょう?」と伺ってみたところ、その方はしどろもどろに……。

つまり多くの人は、メディアが勝手に名づけた〝○○世代〟に属する人～すなわちそのようにネーミングされた世代の人～と接した場合、特にその場で何か自分にとって不都合なことが起きたときには、自分や周囲への言い訳として「あの人は○○世代だからなぁー」と、世代論を利用しているにすぎないのです。

もちろん、育ってきた環境や時代というものは人格の形成に大きな影響があるわけです。しかし、相手の本質を見ることとすらしないでメディアのネーミングに振り回されていれば、コミュニケーションをよくするどころか、さらに悪化させることにもなりかねません。ここは気をつけたいところです。

**★ここに注意しよう★**

年齢は「背番号のようなものだ」と言っていた人がいました。ただ座っていても、ぼんやりしていても、生きていれば年齢を重ねることになります。ですから、コミュニケーションの現場に単純な世代論を引っ張ってきて言い訳に利用するのではなく、その人が今まで何に打ち込んできたのか、どんなことをして生きてきたのかを知って、そこから相手との関わり方を考える方がよほど得策と言えるのです。

## 3 相手によって少し変えてみる

「相手に合わせたコミュニケーションを……」などと話すと、「ゴマを擦っている」「媚を売っている」と、人によっては誤解されるかもしれませんが、ここでお話しすることは、そうした「自分の信念を曲げてまで相手に合わせる」意味とはかなり違います。それを説明させていただきます。

あなたが自分と価値観の異なる人に接するときには、まず、相手が何を大切にしているのかを見極めてからアクションを起こす必要があります。

つまり、相手を尊重しつつ、その人の価値観が生まれた背景を少しでも理解したうえで、自分が受け入れられるところは受け入れる、意見するところは意見する、そのようにしっかりと相手に自分の意見を伝える方法です。そして当然、自分の価値観を変える必要などはまったくありませんし、むしろ、そうすれば後あとミスコミュニケーションの原因になることさえあります。また、だからといって相手の価値観を真っ向から否定することもありません。大切なのは、相手と自分との「共通点」と「相違点」をしっかりと見出しお互いにそれを前提にしてより良い関係を築けるように努力することなのです。当然のことながら、双方とも基本的に優劣をつけることもありません。まずは相手が大切にしている部分に着目し、なるべくそれを理解するように努力し、さらによいタイミングを見計らって自分の意見を相手に伝えるように工夫する、そこがポイントです。

**★ここに注意しよう★**

そうしたアクションを起こすには、まず最初に、自分が聴き手になってしっかりと情報収集をすることが求められます。そして、相手を興味深く観察することです。自分のことを理解してもらいたいからといって、聴かれてもいないのに自分のことをベラベラとしゃべっているようでは、印象も悪くなりますので気をつけましょう。

人は誰しも、自分のことを他者に理解してもらいたいと思っているのです。だからこそ、まずは聴き手になって、相手の話をよく聴くことが大切です。そうすれば、人は自分の欲求を満たしてくれたあなたによい印象を持ちますから。

## 4 相手の特性をつかむ

人はみな別人格です。親子も兄弟も関係ありません。すなわち、人は誰一人として同じではないと、私は本書でずっと繰り返して指摘してきました。でも、コミュニケーション力のアップを考えるうえで、とりあえず人を〝グループ化〟すること、ある程度の類似した傾向ごとに人間集団としてまとめるのも意味があると思います。

さて、ここで説明するのは相手の〝特性〟をつかんで、アプローチを変える方法です。一言で表現すれば、ある人に同じことを伝えるにも、その場面でのやり方として、

相手の「論理性に訴える」

のか、

相手の「感性に訴える」

のかということです。実はこれだけでも結果は大きく違ってきます。たとえば、相手が強烈なリーダータイプであるならどうでしょうか?

こういうタイプの人は常に新しいことに挑戦し、目標を高く掲げ、周りを巻き込みながら仕事を進めます。自分が動きの中心に位置して、周りの人たちを動かします。

逆に、相手がサポートタイプであるなら、自分自身は縁の下の力持ちのような存在に徹して、グループや組織に貢献することに意識を向けています。ですから、こういう人は協調性や規律という側面に重きを置き、コツコツと仕事を積み上げて行きます。

また、違った角度から考えることもできます。それは人を「左脳型」と「右脳型」に区分するやり方です。左脳型の人は〝物事を論理的かつ筋道を立てて考える〟タイプです。ですから〈理論派〉です。こういう人は、常に冷静さを保ち、話もわかりやすく説得力があります。

それに対して右脳型の人は、仕事に対する〝姿勢や熱意〟といった側面に意識が向きやすい傾向があります。こういう人は感性が豊かで、コミュニケーション能力がかなり高いタイプでもありますから、周囲への気配りもうまくて重宝がられます。

**★ここに注意しよう★**

このように～リーダー型かサポート型か、左脳型か右脳型か～という比較的単純な切り口で人間を区分しても、そこから有益なアプローチ法がすぐに浮かびます。それぞれの型（タイプ）の人たちと自分がどのように関わっていけばよいのか、自ずとわかってくるのです。

次に、各型（タイプ）の特徴をさらに具体的に掘り下げてみましょう。そうすることで、読者の皆さんが個々の相手を分類するのに役立つからです。

# 5 リーダータイプとサポータータイプ

前述したとおり、この場合には大まかに人を「リーダータイプ（指導者気質）」か「サポータータイプ（縁の下の力持ち気質）」であるかで分類します。

## ① リーダータイプ

よく言えば、前向きで意思が強いタイプで、変革や改革に対する意識がとても高い傾向にあるということも事実です。このタイプの人は、前人未到の世界にも飛び込む、つまり誰もやったことがないことにもチャレンジする、そうしたことに〝やりがい〟を感じます。自分の想いや計画に対して、周囲の者が「前例がないから……」などと言って反対しようものなら、すぐに瞬間湯沸かし器のごとく熱くなり、自分が思い描く〝ビジョン〟を語り始めたりします。そして多くの場合、新しいことは一人で成し遂げることは無理ですから、彼らは周りの人たちを巻き込みながら進めるのです。

このように考えると、このタイプの人たちは積極的に新しいものを取り入れるわけですから、アグレッシブなプラスイメージですが、そうした面の裏側には「独り相撲」や「猪突猛進＝突っ走り」という要素もないわけではない、という現実があります。すなわち、自分勝手でわがままであると思われるケースも多いのです。

また何よりも、

「新しいことが好き」な人は「継続することが苦手」

という傾向が強いことも、コミュニケーションには大きく影響します。わかりやすく表現すると「熱しやすく、冷めやすい」とでも言いましょうか。そうなると、巻き込まれた周囲の人たちからは「また仕事を増やして……」という不満が出るのです。

このマイナス面は、職場ではけっして軽視できません。

そしてさらに、リーダータイプの人のなかでも大きく二分されるのが、

「すべて自分で確認したい」タイプの人

と、

「露払いが必要」なタイプの人

という二類型です。前者の「すべて自分で確認したい」タイプの人たちは他人を信用できず、自分自身がすべてを知りたいのです。さらにまた、すべてを自分で確認しないと気が済まないタイプです。これはそれなりに厄介な方たちです。後者の「露払いが必要」なタイプの人たち

は、口ではいろいろと威勢のよいことを言いますが、実際は周囲がすべてをセットアップしないと動かない、という厄介なタイプです。

こうして見ると、どちらにしてもかなり〝面倒な人〟なのですが、案外あなたのそばにもしっかり「いる」のではないでしょうか。実はこういうタイプの人はけっこう多いのです。

## ② サポータータイプ

こちらは、いわば「縁の下の力持ち」でありたいと思うタイプ、つまり、**自分の属する組織に貢献したいという意識が高い人**です。その意識下には、出世したいという願望が潜んでいる場合もありますが、単純に「誰かの役に立ちたい」という気持ちをもっている人も多いです。こういう人たちは、誰かが困っていると自分も手一杯なのに手伝ってしまう傾向が強いです。

そして、どんな相手と仕事をする場合にも、その場の雰囲気を壊すようなことは決してしない。自分が周りに合わせて行くのが得意なのです。部下や後輩の管理もしっかりするし、規律や約束事をしっかり守ることは大切だという意識がとても強い人たちです。もちろん、地味な仕事もコツコツと嫌がらずにするのがこのタイプです。

さて、ここまでのところはよいことばかりのようです。でもやはり、何ごとも表裏一体。マイナス面もありますよ。実はこのタイプの人は、自分はたいてい「受け身」で、誰かから指示されるのを待っていることが多いのです。自分の部下や後輩には、「仕事は探してでもしろ」というわりに、自分は上からの指示がないと判断できない体質だったりするのです。

つまり、自分から積極的に古い何か（慣行や習慣など）を変えてでも新しいことを始めるとか、がむしゃらに率先して動こうとはせずに、既存のルールややり方に縛られてしまうのがこのタイプの特徴なのです。これもかなり残念なことです。また当然、こういうタイプの人たちは自分から新しいアイディアを出したり果敢にチャレンジすることが苦手です。むしろ、そのような課題を任されると苦痛に感じてしまいます。

## ★ここに注意しよう★

さぁ、あなたの周りの人たちをこの二つのタイプに分類できますか？

一般的に、歴史の長い企業は保守的な空気が漂っているため、やはりサポータータイプの人が多く、ベンチャー企業にはリーダータイプの人が多い傾向にあります。しかし、この二つの特徴（傾向）は、自分自身がうまく両方を取り入れようという積極的な意識をもてば両立できるので、優れた人にはバランス良く双方が存在していることもあるのです。

一般的に、リーダータイプが多い職場では組織がまとまり難いと言え、サポータータイプが多い職場では変革やイノベーション（革新）が進まず停滞気味になると言えます。ですから、それぞれのタイプの人材を適所に配置して、その特性を活かした職場は、良い雰囲気になっています。リーダータイプが切り開き、サポータータイプが維持して行くのが理想です。

## 6 「論理型」か「感性型」か

今度は別の切り口でタイプを分けましょう。よく知られている「理論型＝論理型」と「感性型」です（以下では「論理型」に表現を統一します）。

### ① 論理型

このタイプは「左脳型」とも言われます。読んで字のごとく、ものごとを筋道を立てて考え、論理的かつ冷静に対処するのが、このタイプの人の特徴です。これは本来、組織のトップとして活動する人に求められる要素ではありますが、バブル世代以前の管理職は論理的思考のトレーニングを受ける機会が極端に少なく、感性型の人が多いのも事実です。

「論理型」の人の特性は冷静沈着であること。周囲がいくら焦っていても、それに動じることなく落ち着いて物事に対処できます。また分析癖があり、数字にめっぽう強い。具体的な数字を根拠に理論展開する能力があるわけです。どんな話をするときも、必ずその裏づけとなるデータを持っているので、話に説得力があり、またわかりやすい傾向にあります。さらに、このタイプの人たちは、何に取り組む場合でもきちんとスケジュールを立てて無理なく進めるので、周囲は安心できます。

その反面、「理論型＝論理型」の特徴である〝冷静さ〟がともすると「冷たい印象」になりがちなのも事実です。実際、このタイプは人と関わることに苦手意識をもっている人も少なくないのです。たとえば、自分が計画を立てても、それにしたがって部下や後輩を動かす動機づけができない人もいます。ただでさえ理屈が多く、さらに批判的な発言も増えると、周りに理解され難く、孤立化を招くことも多くありそうです。情緒や空気に支配されやすい日本の組織では、このタイプは周囲に協力者や理解者を増やすことも大切ですね。

## ②　感性型

一方、感性型は「右脳型」とも言われます。このタイプの人たちは、自分の直感や感性に基づいて行動を起こすのが大きな特徴です。そして仕事熱心で、何ごとにも熱意を持って取り組むことができる、とてもよい面を持っています。また、このタイプの人はコミュニケーション能力に長けている人が多く、周囲への配慮を忘れることがありません。当然、周りの人たちに慕われることでしょうし、皆がいろいろと助かることも多いはずです。

しかし、すべてのものごとにはマイナス面があります。このタイプはじっくりものを考えないで直感で行動を起こすため、いったん動き出してからの方向転換が多く、一緒に動いている人は混乱する場面もままあります。さらに残念なのは、熱しやすく冷めやすい人がこのタイプに多いのです。これはチームプレーのなかでは大きな障害になります。

**★ここに注意しよう★**

最後に整理すると、実は、**「論理型」の要素も「感性型」のそれも一人の人間のなかで両立できるのです。**

それを実感するには、世間で〝優れている〟と評価されている人物を見て、その「バランス感覚」を観察して学ぶのが良いかもしれません。偉人の伝記も参考になるでしょう。

# 7 自分の立ち位置を考える

周囲の人をタイプ別に分類して、それぞれに対するアプローチを実行する……。「言うのはカンタンだが、そんなにすぐに実行可能ではないでしょう！」という声が聞こえてきそうです。

そうです、簡単ではありませんが、不可能でもないのです。

と言うより、できないと思った瞬間から、その結果は「残念な方向」へ動いてしまいます。

こういう場合には、すぐできそうな部分から始めてみてはいかがでしょうか。

まず、どんなタイプに向けても、

コミュニケーションをとりやすい空気をつくり出すことから始めてみましょう。前述したように、どんな人でも皆、「他の人に認められたい」という欲求をもっています。ですから、自分がこれから関わって行く人を前にして、最初から気持ちのうえで対立するようでは、当然その場の空気は悪くなります。相手がどんなタイプかわからないときはもちろん、アプローチの方法がだいたい決まってからでも、

最初の段階では、「相手を受け止める」という姿勢でいることが大切です。そして、相手が自分のために何かのアクションを起こしてくれたときには、

すぐに感謝の気持ちを言葉にして伝えてください。これはとても大切なことなのです。たとえどんな善人であっても、相手に自分の好意を何度も無視されたのではよい気分でいられません。モチベーションも下がりますよね。

人という生き物は、相手のちょっとした反応で大きく変わるものなのです。できれば、相手への感謝の気持ちは、かなり大げさなくらいの表現で伝えてください。それでちょうどよいと思っていて間違いないのです。

「人付き合いは自分を映す鏡である」とは、よく言われる言葉ですね。人と関わるうえでは、自分にとって何か不都合なことが起こったときには、相手に不平や不満をぶつけたり、心のなかにウツウツと怒りを持つ前に、自分自身が「どのように振舞っていたか」をじっくり思い返してみると解決の糸口が見つかります。まずは一度、冷静に、

**自分の立ち位置が全体のなかでどうなっているのかを確認する**

のが先決です。とにもかくにも、人任せの意識は捨てましょう。そして「その場の空気をつくり出すのは他でもない自分である」と認識できた瞬間から、コミュニケーションの質はグッとよくなって行きます。また、自分自身がコミュニケーションのコントローラーを握っているのだと思えば、俄然興味がわいてきますよね。

# 8 論理的思考を身につける

いつの頃からか、ロジカルシンキングというのがキーワードになりました。でも、どうでしょうか？　日本のように何ごとも横並び、組織も個人も情緒的で空気に支配されるという環境で、論理的に考えるという習慣が身につくでしょうか？

男女を問わず多くの人は、学生時代も社会人になってからも、論理的な思考をするための訓練は不十分なままに生活を送っているはずです。したがって、そうした「論理的思考」なるものに苦手意識をもっている人が多いと思うのです。

ところで、皆さんの周囲におられる論理的思考の得意な〝優秀な人たち〟でも、その論理的思考が最初からできている人だったのでしょうか？　もちろん、天性の能力として身についていた人もいるかもしれませんが、多くの場合は、仕事の段取りやいろいろな技術を身につける段階で、そうした能力を獲得してきたものと思われます。

具体的に言えば、

より効率的に仕事をするにはどうすれば良いのか？

を考えると、誰でも必然的に「論理的」になるわけです。筋道を立てて考えて行動し、無駄をなくしていく、つまりこれこそが論理的思考そのものなのです。ですから、なんとなく、とりあえず目の前のことを「こなす」だけという思考・行動では、この論理的思考はとうてい身につけることはできません。言い換えれば、論理的思考を身につけることができるかどうかは、本人がどれだけ仕事の効率性を意識しているか、ということにかかっているのではないでしょうか。

結論的になりますが、この論理的能力を身につけるためには、誰かにそれを教えてもらうというよりも、むしろ自分が日々の仕事のなかで考えながら身につけるほうがずっと意味があると思います。何よりも「自分の頭で考える」ことが出発点なのです。

そういえば何年か前、論理的思考〈ロジカルシンキング〉という言葉が一人歩きをしているような時期がありました。関連本も多く出版されて、ビジネスパーソンはすべて論理的でなければダメだ、みたいな風潮ですらあったように思います。たしかに、仕事をするうえでは論理的であることは多くの場面で求められます。論理を欠いた情緒的・感覚的な主張では多くの人たちを納得させられません。特に、組織の上に立つ人たちには強く求められることです。たとえば、部下に対して指示を出すにもこれは重要なのです。

指示・命令を出す立場の人は常に、自分が部下に伝えたいことは何なのかそれを事前に考えたうえで、指示・命令の内容構成をきっちりまとめる必要があります若いときに多くの人が経験していると思います。それは、上司の言うことに一貫性がない、何が言いたいのかはっきりしない、思いつきをすぐ口にする、話の内容が朝礼暮改である、言うことが感情的過ぎる、指示内容が意味不明……。本当に皆さんも苦労したはずです。

**★ここに注意しよう★**

だいたいが、結論のない話に納得する人は誰一人としていませんね。ですから、何かを話すときにはこうしてください。すなわち話の構成は、

**「本題＋詳細＋本題」**

とします。これであれば相手にも伝わりやすく、話をする自分もブレません。

さて、ここでもう一度言います。誰かに話をするときにはまず、**自分が何を言いたいのか〈話の趣旨〉を自分の頭のなかで明確にしておく**ようにしましょう。ですから、考える前に口を開くなどはもっての他、普段から「考えずにしゃべり出す」傾向のある人は、自分を訓練して癖を直しましょう。また、相手に意見を求めるのであれば、**あらかじめ自分のほうでいくつかの選択肢を準備しておく**と、相手の人も意見しやすいです。そうした、相手にとって「言いやすい」状況をつくることも、やはりとても大切なのです。

コミュニケーションは双方向の動きです。一方的なものではありません。たとえば、子どもたちがよくする野球のキャッチボールを考えてみてください。こちらから相手に球を投げる、そして次に、相手の投げた球を受け取る。その繰り返しですね。ここで気をつけるべきことは、**まず自分のほうから、相手がキャッチしやすいボールを投げること**です。それが、コミュニケーションをよくしていく第一のコツですね。どれほどの〝速球〟を投げられる選手であっても、キャッチャーが受けられない球ばかり投げていては、野球の投手にはなれません。相手が球をキャッチできなければ、速球には何の意味もないのです。

同様に、論理的であるということはただ単に理屈を並べることではありません。今後、自分が話すときには常に、しっかりと話の構成を考え筋道を立て、趣旨を明確にすることを心がけましょう。

## 9 自分の気持ちを表現する

コミュニケーション関連の講座や研修で、講師として登壇する機会が多い私は、実はコミュニケーションに苦手意識をもっている人がとても多いことに驚いています。たしかに自分で考えてみても、コミュニケーションはそこそこ難しいものですし、さらに言えば、「これでよし」

という答えはありません。

そのうえ、私がいつも思うのは、どんな人にも人間関係のうえでこれまでにいくつもの〝苦い経験〟があるのではないか？　それが多くの人に苦手意識を植えつけたり、もともとあった苦手意識をさらに助長しているのではないか、ということです。

しかし、人と付き合わないでは生きられないのが人の世です。この世で生きて行くうえで、人間関係も含めて、〝私は苦手だから容赦してもらいたい〟という話が通ることはあまりないのです。というより、まったく無いに等しいでしょう。それでは、どうすれば苦手意識を少しでも軽減できるのでしょうか。それを考えてみましょう。まず、自分の周囲を見渡して、

**コミュニケーション能力に長けている人を見つけてください**

おそらくその人はいつも表情豊かで、いろいろな人たちと交わることを苦にせず、むしろ楽しんでいるかのように見えます。そういう人たちをよく観察してみると、自分の気持ちを言葉だけではなく「表情」や「動作」でも相手に伝えていることがわかるはずです。

### ★ここに注意しよう★

前述したように、人は視覚から圧倒的に多くの情報を手に入れます。当然、目で見た情報を瞬時に自己の判断材料として取り入れるのが自然な成り行きですね。だからこそ、相手が話すときの表

情や動作は、聴く側の人間には「言葉以上に何かを伝えてくる」ものなのです。まずは、その人を真似てみましょう！　最初は気恥ずかしくてなかなかうまくできないかもしれませんが、そうした人たちを真似することで自分の意思が伝わりやすいのだと実感できるようになると、今度は言葉以外の手段で何かを伝えるという行為が楽しくなってくるものです。まずは実体験で学習することですね。頭でいくら考えても、経験に勝る学習法はありませんから。

**コミュニケーション能力が高いと評判の人をお手本にして**

**「表情」という漢字は「情が表れる」と書きます**

その人の心の内が顔に表れているのですから、これは侮れないということは、すぐご理解いただけますね。もし、あなたが相手に心を開いてほしいと思うならば、まずはご自分のほうからそれを実行してみましょう。そのためには、

**まずは自分の表情を豊かにして、相手に安心感を与える**

ことです。ただでさえ私たち日本人は、外国人からは「能面のように無表情だ」と指摘されてきたのですから、相手が初対面の人なら、たとえ日本人同士であっても過剰なくらいの笑顔が必要かもしれません。その笑顔が相手の心に安心感をもたらします。仕事の場でもプライベートの場でも、そこに「安心感」が存在することはコミュニケーションの質を向上させ理解を深めるために、かなり大切なのです。

**表情の豊かな人の話は、聞いている人の心をグッとつかみます**

言葉だけでなく、表情や動作・身振りで自分の意思や感情を相手に伝える、その成功体験を重ねて、無意識にできるようになれば、あなたのコミュニケーションの質は格段にアップします。楽しみですね！

# 10

## 「いつも」「前向き」でなくてはならない？

ここ数年、あるいは、もしかしたら日本が不況になってから（一九九〇年代初頭から）、やたらと「ポジティブ」という言葉が使われるようになって来たのではないでしょうか。もう今では、ポジティブシンキングなどというフレーズが安っぽく響くくらいになりました。

そもそも「ポジティブ」とか「前向き」とか、そういう言葉で表現される〝心の状態〟というものは、その人の心の有り様で常に変化しているものであって、いつもいつもポジティブで前向きでいられるはずもありません。

しかし、いつも〝ポジティブマインド〟でないと、周囲から「やる気がない」と言われかねないような……という、ある種の脅迫概念にとらわれて、むりやり「いつも元気そうな自分」を演出する人が多いように感じます。特に若い人たち。第三者から見ると、何も「そんなにずっと頑張らなくてもいいのに」とさえ感じてしまう、かなりイタイ姿です。

ここで、くれぐれも申し上げておきたいことが一つあります。

**成功者はポジティブであったから成功したわけではありません**

**ただ、ネガティブではなかっただけなのです**

考えればすぐにわかることです。いつもネガティブだったら、いろいろなチャンスを片っ端から切り捨てて自らが関わろうとしないため、人との関わりも広がらないしつながらないのです。

**★ここに注意しよう★**

人間には感情があります。自分にとって不都合なことが起きれば当然、落ち込むでしょう。しばらくは気分も悪いことでしょう。しかし、そうであることを「悪いものである」「私はネガティブでダメだ」と、悲観的に思うのではなく、人間誰しもそういうときがあるものだと「割り切る」ことが大切なのです。つまり、

**気持ちの整理の仕方にその人の思考が表れる**

のだと思います。人の感情は複雑です。自分で自分の感情がわからないことがあり得ます。ですから、何かことあるごとに「良いか悪いか」と、その場で白黒をハッキリさせようとせずに、少し時

間を置いてみることです。そうすれば、冷静に事象を捉えることができて、なぜ「自分にとって不都合なこと」が起きてしまったのかを分析できるようになります。そこまできたらしめたもの……。自分の感情を逆なでするような嫌な出来事でさえも、今後のことを考えるうえでヒントとなるというものです。

## ご自分がそうであるように、相手も人間なのです

みんな同じように感情を持った生き物です。こちらがいつもと変わりなく相手に接していても、その人の気持ちが少し落ち込んでいる、あるいは苛立っている、というようなときには、とてもじゃないですが良好なコミュニケーションは成立しません。そんなことは、お互いに人間なのだから普通にあることと考えましょう。自分が落ち込んだり苛立ったりしている場面を想像すれば、相手を許せるでしょう。

最後に一言、相手の特性を見極めることの大切さはもちろんですが、お互いに不完全な人間であり、同時にまた感情に左右される繊細な生き物だということをくれぐれもお忘れにならないでください。コミュニケーションは「お互い様」のなかで成立するものなのです。

# 11 信頼……と簡単に言うけど

他者から信用・信頼を得ることは、社会生活において大切な人間関係を築くために必要なことです。誰しもがそれを〝ぜひすぐにほしいもの〟とすら考えるでしょう。そして、それがあればコミュニケーション力は飛躍的にアップするのですから。それでは、どうすれば信用と信頼を勝ち取ることができるのでしょうか？

いつもポジティブ、説得力のある話し方、堂々とした姿勢、よどみなく明快なスピーチ……などなど、たくさん思い浮かぶ要素はありますが、

**いちばん大切なのは「約束を守る」ということ**

なのです。なーんだ、そんなことか、などと侮ってはいけません。仕事のうえでの約束事は、大なり小なりさまざまな場面、さまざまな優先順位で存在し、また日々新たに生じます。

たとえば、大きなところで「契約」があります。逆に細かいところでは、電話連絡やメールのレスポンスがあります。多くの方は「大きくて目立つ約束」は必死に守ろうと努力しますが、小さな約束はないがしろにしがちです。

「あ、忘れてた！」

そんなことを繰り返していたのでは、信用や信頼はもちろんのこと、場合によっては社会人としての資質も疑われます。ですから、私は〝小さな約束〟ほどきちんと守る姿勢が大切だと考えています。他人から見れば「そんなの後でもいいんじゃないの？」というような約束でも、きちんと守ろうとする姿勢が大切で、そうした姿勢はまた、

相手の心をがっちりとつかみます

ですから、「約束には大きいも小さいもない」と言ってよいかもしれません。また、そうした場面～小さな約束をどう取り扱うか～はその人次第のところがありますし、仮に約束を反故にしても仕事に大きく影響したり、誰かが目くじら立てて非難してくることもないので、当人の本質が見えやすいわけです。そして、口では何とでも言えるのですが（言い訳）、行動はウソをつくことができません。

その人が何を言っているかではなく、何をしているかで判断せよ

とはよく言われます。世の中の人たちは皆、それをよく知っていますから、自分が思っている以上に細かく見られていることもお忘れにならないでください。信用や信頼は小さなことを積み上げた先に得られるものなのです。ですから逆に、そうした小さなことをたびたびないがしろにしていると、あなたがこれまで築き上げた部分が一瞬にして崩れ去る、ということもご理解いただけると思います。

**★ここに注意しよう★**

もちろん、誰もがわかっているけれど、実践は本当に難しいです。それでは、どうすればいいのでしょうか？

**自分にできることを一生懸命にすること**

あっけないようですが、ただそれだけなのです。誰にとっても、できないことはできないのです。誰にも限界は存在するのです。そして、世の中の人たちは、あなただけに完璧を要求するほど無茶な人たちでもないのです。

誰が見てもわかるような大きな約束事を忘れることは、まずありません。むしろ、「覚えていてくれたの？」というような、小さな約束を守り続けるという、地道な積み重ねによって、大きな信用や信頼を得ることができるのです。それに、これも大切なのですが、

**言葉というものは、言った側よりも言われた側のほうがよく覚えている**

ものなのです。加害者は忘れても被害者はしっかり記憶している、というのと同じですね。

# 12 相互理解について

「お互いに理解し合う」とは大変に素晴らしいことですし、そうなれたらいいな～と、常に

誰もがそう思っています。しかし今回、コミュニケーションをよりよくしたいと拙著を手に取ってくださった方々に申し上げるのは大変忍びないのですが、本当のことですからお伝えしますね。

## コミュニケーションに100％はありません！

本書では何度もお伝えしているように、相手は自分とは違う人格で、多くのことに関して自分と違う認識をもっているわけですから、たまに運よく、相手が限りなく自分に近い感覚を持ち合わせていることはあったとしても、寸分の狂いもなく「ドンピシャ」はあり得ないと思って間違いはありません。だからこそお互いが、さまざまな方法で意思や感情を伝えよう、理解しようとするわけです。

たしかに、仕事でも何でも、共に何かを遂行して行くためにはコミュニケーションの成立が絶対に必要不可欠です。そして、コミュニケーションの目指す高い目標がこの「相互理解」の達成です。とても高い高い目標です（100パーセントの達成はないわけですが）。では、相互理解を少しでも深めるためには、どんなことに気をつけるべきでしょうか？

私が学校関係の講座や研修で申し上げているのは、

## 多面的に考えてみる

ということです。人間がものごとを解釈する際、基本的には自分中心で、見えている部分だけを捉えて理解しようとします。しかし現実には、ものごとを違った立場や違った角度から見れば、すぐに解釈自体も変わってくることがほとんどなのです。

人との関わりについても、多面的に見る余裕があれば、未然に防げるトラブルはたくさんあるはずです。何かが「自分にとって不都合」だといってすぐにムキになったり感情的になったりしていては、話が先には進みません。またいくらか進んだとしても、あまりよい方向には動かない可能性が高くなります。

### ★ここに注意しよう★

繰り返しますが、人は誰しも感情をもって生きているのですから、ふとした瞬間に感情が大きくぶれたり、急に湧き上がったりするのは自然なことです。しかし、そこにいつまでも留まることなく、「いや、ちょっと待てよ。私はそう思うが、違った見方をしてみよう」と思えるようになると、コミュニケーションの質は飛躍的によくなって行きます。まさに〝一呼吸の余裕〟なのです。

どんな人でも自分に注目されたい、自分の意見を認められたいと思っています。だからこそ、人との関わりのなかで日々工夫し、また自分をふり返りながら、一方的ではなく多面的な見方をするように意識して、相互理解に近づけるようにしたいものです。

くれぐれも誤解のないように申し上げておきますが、コミュニケーションは楽しいばかりではありません。真剣さゆえにぶつかり合うこともあります。しかし、その衝突をただ避けるのではなく、むしろ相手にとってマイナスな情報ほど、ここいちばんではきちんと伝える努力が必要なのです。

**相手に合わせる**

**理解したふりをする**

**自分の考えを封印する**

こうした行為は、相互の理解をより難しくするものだ、ということも覚えておいてくださいね。

# 第5章

# 相手にわかるように伝える

# 1 うまく伝わっていないと思ったら？

社内のコミュニケーションという話題になると、まず真っ先に思いつくのが「ほう・れん・そう」、つまり「報告」「連絡」「相談」ですね。この三つの単語を一つに合わせたことで、〈職場という特殊な場所で必要な情報を共有する〉ことの重要性をわかりやすく示しています。

新入社員などにも覚えやすいように語呂を合わせていますが、実はこの〝情報共有〟が「うまくいっていない」または「難しい」と考えている方がとても大勢いらっしゃいます。一見すると簡単なことのように思える《報・連・相》で意外に苦労している人が多く、それを解決できない状態が多いという、それぞれの職場での「苦難」はどこからくるのでしょうか？

まず、考えられる原因としては、

- うまく話さなくては……と力が入り過ぎる
- きちんと要点をまとめる前に話を始めてしまう
- 失敗しないだろうかという気持ちにとらわれる
- 人と対面すると異常なプレッシャーがかかる
- 話をしているうちに、何を話しているのかわからなくなるなどがあります。実は、職場で交わされる会話にはいくつかの型があって、比較的簡単に分類できます。要するに「型が決まっている」と言えるのです。ですからむしろ、プライベートな時間で気の利いた会話をする方がはるかに難しいということを、ここでしっかりと認識しておいてください。では、そのように、職場でのコミュニケーションはプライベートなコミュニケーションに比べて簡単なのでしょうか。

その理由は、職場の会話では、

相手に何を伝えるのかを明確にしてその詳細を伝える

ことに主な目的があるからです。多くの場合、微妙なニュアンスを繊細な言葉にして伝えることは不要です。まず要請されるのは「明確さと正確さ」です。そしてさらに、あなたが相手に何かを伝えたら、その根拠もしっかりと示すことが大切です。

ちなみに、一般論として、ビジネスシーンでは「結論から話をするべき」と言われていますが、いきなり結論を言われても唐突感は否めません。それよりも、今から何についての話をするのかという「アナウンス」が事前に必要でしょう。そのほうが聴き手にはわかりやすいのです。そのことを意識しつつ、相手の反応を見ることも忘れないようにしましょう。

聴き手は多くの場合、聞かされている話の展開がいったいどうなるのかわからない状態です。つまり、言い換えれば、話の展開は伝える側にのみわかっているのです。だからこそ、あなたは話し相手の反応を見て、その人の理解のほどを確認しながら、言葉や表現を慎重に選択することも求められるのです。ここはとても重要なポイントになります。間違っても、「言わなくてもニュアンスで伝わる」などと考えてはいけません。すなわち〝以心伝心〟という言葉は、とりあえずビジネスシーンでは頭に浮かべないようにしましょう（もちろん、トップ同士の折衝などではあり得るでしょうが）。

**★ここに注意しよう★**

コミュニケーションとは、自分の意図や意思が相手に伝わっていなかった場合、それは「何も言っていないのと同じ」なのです。一方的な希望的観測や思い込みは大きなリスクになります。

自分がうまく伝えられないところを、

相手が察してくれると期待するのは大変危険なこと

であると覚えておいてください。何ごともうまく伝えられないのは、話し手の伝え方に問題があるのだと肝に銘じておきましょう。

# 2 相手は細かい話を聞きたがっているだろうか？

人は誰でも、わかってほしいという気持ちが大きいほど、多くの言葉を並べるものです。そしてまた、厄介なことに、細かい説明をすることが親切なのだと勘違いしている人も多いようです。ここでハッキリと申し上げますが、

**細か過ぎる話はわかりにくい**

のです！　もしもあなたが、あるテーマについてとても細かい説明をして、「どうだ、このことについての知識では私の右に出る者はいないぞ」という思いでいたなら、それはほとんどの場合、伝える側の自己満足でしかなく、肝心の相手は混乱するだけです。

一般的に、伝える側は相手に細かいことまで一生懸命に説明しようとします。それで、その人自身にかなりのエネルギーが必要とされるし、ご当人は頑張って消耗するわけです。しかし残念なことに、現実にはその努力とエネルギーは無駄になってしまうケースが多いのです。

さらに悪いケースになると、ご本人は「これだけ説明したのだから、相手にはちゃんと伝わっているはずだ。もしもわかっていないのなら、それは相手が悪いのだ！」と、訳のわからない満足感に浸って確認を怠るのです。

もちろん、どうしても細部に突っ込んだ会話が必要な場合もあるわけですが、そういうケースでないのにもかかわらず、得意げに延々と自説を開陳するような人は、周囲から「あの人は空気が読めない」と判断されてしまう可能性もありです。

**★ここに注意しよう★**

コミュニケーションの場では、あくまで「相手に理解してもらってナンボ」なのだと理解してください。これは文書作成にも言えますが、自分のやるべき仕事を小さく区切って、「あとは他の人の守備範囲です」とでも言っているような仕事ぶりは損をします。権限の逸脱はもっての他ですが、自分はいろいろなことに目配りしているのだ（配慮できる人間だ）と相手に印象づけることも、ビジネスのなかでは必要でしょう。

## 3 相手が聞きたがっていることにフォーカスしてみる

また話す内容そのものについても、一方的に言いたいこと（自分や自社の主張）だけを口にするようでは、ビジネスパーソンとして失格です。商売は「ギブ・アンド・テイク」が基本ですね。あなたが話す内容についても、相手が欲しがっているもの、知りたがっている内容が一つも含まれていなければ、当然ですが相手は聴く耳を持ちません。

ですから、ぜひ話し方を工夫しましょう。同じことを伝えるにも、相手が興味をもちそうな言葉や表現を用いて相手の気持ちを「つかむ」のです。そして、自分の意見や考えを伝えるときにも、押しつけがましい表現ではなく、相手の反応を見ながら言葉を投げかけて行くとよいでしょう。

たとえば、上司や先輩から部下や後輩といった立場の人を指導する場合にありがちなパターンですが、「自分たちの若いときは……」といった切り出しの話し方。この手のフレーズが出ると、若い世代の人たちは「また出た……」という感じになります。もうその時点で耳は半分ふさがれています。

仕事上の具体的な経験を、若い人たちのための「参考資料」として話すのなら、耳を傾けてもらうことができるでしょう。しかし、バブル世代の上司や先輩などが「昔はさぁー」などと自慢げに話しても、おそらく反発を食らうだけです。また、「俺たちも頑張ったんだから、お前らもやれるだろ」といった精神論も、あまり共感はされません。

★ここに注意しよう★

人を育てるのには時間と労力が必要です。相手がたとえ部下や後輩であっても、人格を尊重して言葉は選ばなければなりません。高圧的な表現や恫喝的な言葉は反発を招き軽蔑される原因になります。相手をよく観察しましょう。相手に聞き入れられる表現でなければ、伝わるものも伝わりません。

# 4 話のまとめ方

さて、話題は変わります。ビジネスパーソンの心得として、よく「話は結論から言え」とアドバイスされます。これはなぜなのでしょうか?

前項でもお伝えしましたが、話の展開は伝える側（話し手）にしかわかりません。ですから、相手（聴き手）に〈結論＝着地点〉を伝えることによって、あらかじめ話す内容を明確にできるのです。これが大きな利点です。

しかし実際には、話し手がダラダラと長話をしたりして、聴き手がうんざりすることが多いですね。

本当のところ、出だしの話を分かりやすくまとめるのは言うは易し行うは難しで、相当に難易度の高いことなのです。

しかも、自分の言いたいことだけを伝えるのではなく、あらかじめまとめた内容を伝えつつ、相手の反応も見ながら若干の軌道修正が必要になってくる、というのが一般的です。伝える側が自分の言いたいことだけに集中できないのが現実のビジネスシーンなのだと前述しましたが、まさにそういうことなのです。そして、かなり厄介なのが、

**結論はまだ出ていないが、相手にあらましを伝えなくてはならない**

というケースです。ありますね、実際に。実は自分もはっきりと言いたいのだけれど、そこまで内部でまだ結論が煮詰まっていないという案件など。

### ★ここに注意しよう★

そういうときには、「選択肢を提示する」ことが有効です。できれば二者択一ではなく、三つ程度の案を相手に提示するのがよいでしょう。

**人は選択肢を与えられると、**

**自分にも「選ぶ権利」を与えられたと、気分がよくなります**

しかし、数が多ければ多いほどよいというものでもありません。しっかり目を通して頭で考える

には、この「三」という数がベストなのです。ただし、選択肢を提示するだけでは相手も判断に困りますので、あなたが各選択肢に「評価」を加えるようにします。それで相手は判断しやすくなるわけです。その「評価」の方法ですが、大きく次の二通りがあります。

・各選択肢についてメリットとデメリットを述べる方法
・同じ評価軸でそれぞれを比較するという方法（ここでの「評価軸」とは、価格、性能、信頼性などの要素のことです）

自分の意見を相手に伝えることはとても大切ですが、意見のなかに個人的または過度に主観的な感想や先入観を紛れ込ませないように注意することが最大のポイントです。そうしたものが話のなかに入ってくると、相手は混乱して正確な判断ができなくなってしまうからです。あくまでも、実際に起きている事象について客観的に伝えることです。そして、そこに自分の立場から考え得る限りの有効な選択肢を提示することで、聴く側の人は「相手は自分に何を伝えようとしているのか」を理解することができるのです。

次の項では、具体的にどのように伝えるのがよいのか、具体的にお話しいたします。

# 5 効果的な報告・連絡・相談のテクニック

ここからは、具体的に社内のコミュニケーションを想定して、いわゆる「報告・連絡・相談」について説明します。

皆さんが何気なく日常業務で行っている「ホウ・レン・ソウ」、つまり社内でのコミュニケーションの3本柱である「報告・連絡・相談」ですが、一見簡単なことのようですが、実は「ボタンの掛け違い」が多くてトラブルの温床になっている場合もあります。

話し手は「相手に伝わった気でいる」

聴き手は「わかったつもりでいる」

しかし、現実は？

きちんと確認作業を行っていないために認識にズレが生じて、さらに悪いことに、互いにそれに気づかない……こうしたことは日常的に起きているのです。まずは、それぞれについて確認をしておきましょう。

①「報告」とは、業務の進捗状況や最終結果を伝えることです。業務を請け負った人は必ず報告することが求められます。

②「連絡」とは、自分が持っている情報を周囲に伝えることです。上司だけではなく同僚や他部署にも伝える場合があります（組織体制による）。

③「相談」とは、自分では答えが見出せないことを上司などの他者にアドバイスしてもらうことです。そして「報告」と「連絡」は発信する側に課題がありますが、「相談」に関しては、相手からいかにに内容のよいアドバイスをもらうことができるか、その点がいちばんの課題です。

## 6 うまく話そうとするな！

まず、ここで大切なこととして、

どんな人でも「忘れる」のだということを覚えておいてください。話す側が、自分の頭のなかで考えていることを相手に正確に理解してもらうように表現するのは難しいですが、話を聴いている側もすべてを記憶に留めておくことは難しいのです。

まして、話をする側が自分の頭のなかで〝こねくり回した〟内容をもとに多くを語ろうとする場合には、自分でも「あれ？　何を話そうとしていたのかな？」と、一瞬戸惑う状況にも陥ります。実は、相手の反応を見ながら話をしていれば、そうなるのが当然なのです。

　私たち講師業の者のように人前で話すことに慣れている人間でも、ただ単純に自分の頭のなかに描いた内容を淡々と聴衆に話すだけに集中していたのでは、相手にきちんと伝えることはできません。相手の反応を見ながら次の展開を考える、そして常に、あらかじめ設定している最終目的地にまで受講者をお連れすることを考えながら、講座の中身を進めていきます。

　どんな方でもそうでしょうが、講師は普通、同時進行で三つか四つのことを考えられないと仕事になりません。しかし、人前で話すことに慣れていない方にいきなりここまで求めるのは気の毒な話です。それなら、どうするのがよいのでしょうか。それは、

「要点をまとめて書き出す」

ことなのです。これは至極当たり前のことですが、実は人は当たり前のことほど軽視してやろうとしない傾向にあります。

**★ここに注意しよう★**
　自分が〝相手によくわかるように伝えたい〟と思う内容を、いったん紙か何かにシンプルに整理して書き出すことで、口頭での表現も内容が的確になります。これはぜひ実行してください。少し面倒ではありますが、話をすることに関しても、「場数を踏む」以外には上達の方法はありません。

まずはすぐに行動してみましょう。

なお、いったん紙の上に整理したら、最終的な確認としてそれを眺めてみることをお勧めします。そうすることで、言葉の選択、内容構成などがさらによいものになることでしょう。そして最終確認するとき、あなたはそれが「聴く側にとってわかりやすいものになっているのか?」という目線で見ることが重要なことなのです。

# 7 報告のタイミングと頻度

「おい、この間、お前に頼んだ件はどうなってる?」と、上司に言われてから慌てて進捗状況を報告する……これは現場でよくあることです。しかし、業務報告は「催促されていないからしなくてもいい」とか「言われてからすればでいい」というものではありません。

もっと言えば、上司から言われたことだけするのでは「子どものお使い」であって、職業人の仕事ではないのです。そして、指示を出した人は「あの件はうまく行っているのだろうか?」とか「期日に間に合うのだろうか」と、いろいろと気にしているのです。それを考えれば、報告する〝タイミング〟や〝頻度〟は自ずとわかるはずです。

しかし、相手によってかなり違うのも事実です。ここが難しいところです。

①　部下に仕事を任せたら、大きなトラブルでもない限りは「よきにはからえ」というタイプ

②　細々したことまで知りたがるタイプ

がいます。ですから、指示を出す相手（上司）のタイプを早めに把握して、対応することが必要です。社内での報告もまた、社内のコミュニケーションです。十人十色、十人いれば十通りのやり方が必要だということを頭に入れておきたいものです。

### ★ここに注意しよう★

仕事とは〝自分のやっている業務〟だけではありません。あなたもまた、自分がどのように行動したらこの先の会社業務が円滑に進むのか、そこまで考えながら行動することが求められます。もちろん、新入社員にいきなりこのレベルは無理ですが、ベテラン社員ともなれば当然に要求されることなのです。先手を打って相手が喜ぶことをする、それであなたへの評価もアップするでしょう。

企業内での仕事は、多くの人がネットワークとなって進めています。ですから、職場の人間関係を良好にするためには、周囲の上司や仲間たちに喜んでもらえるような仕事ができるかどうか、ここがカギになるのではないでしょうか。

# 8 忙しそうな人に話しかけるコツ

これは若い人にとっては大きな問題でしょう。社内が忙しさでピリピリしているとき、こんなつまらない用事で上司や先輩に話しかけてもいいのだろうか？　かなり悩みます。

人は誰でも、「自分にとって重要なことは、相手にとってもそうである」と思い込みがちです。しかし、それはわかりません。また伝え方（手段：口頭・メモ・メール）もそうですが、タイミングも重要です。こんなところで、あなたへの評価が変わったりしますから要注意です。

たとえば、職場で〝かなり忙しそうな人〟に話しかけるタイミング。このタイミングに要注意です。仕事では「スピードのあるなし」が命取りになることもあります。誰でも若いころ、上司や先輩から「なぜもっと早く言わないのだ！」と怒られた経験があるはずです。

そんなとき、「とてもお忙しそうだったので～」などと言うのはNGです。すぐに「それならそっとメモを渡せばいいだろう！」と、怒られるはずです。たとえば〝席を外している間に取引先のAさんから電話があった〟という事実を告げるだけの件でも、それが仕事上かなり重要なタイミングでの出来事だったりしたら、どうでしょう？

会社では、タイミングを計れない人は空気を読めない人と同じくらい「できない奴」と思われます。怒られることを承知のうえで、とにかく「すぐにメモを渡す」といった習慣をつけたいところです。さらに困るのは、自分もかなり忙しくて、込み入った話をメモにまとめている時間がない、それでもイライラしている相手に話をしなくてはならない場合です。どのように話しかければよいのでしょうか。

### ★ここに注意しよう★

あなたは相手に対して「自分のために割いてもらう時間」を明確に示すことです。たとえば、

「ちょっと数分よろしいでしょうか？」

これがとても効果的です。つまり、ただでさえ忙しいときに、気の利かない後輩や部下のダラダラと回りくどい話に付き合わされるくらい苛立ちを覚えるものはないのですから、そこを最初に明確にしておけばよいだけなのです。

また、忙しそうな上司に話しかける場合、部下のあなたは、

「お忙しいところ恐縮ですが、１分間だけ○○案件の進捗状況について、私から報告させていただいてよろしいでしょうか？」

そこで上司は、（あぁあれか？　そのくらいの時間なら聴いてやるか）

「ああ、いいよ。それで、どうなってる？」

という具合です。会社ではお互いに、限られた時間のなかで業務に取り組んでいる以上、誰もが自

分の貴重な時間を〝余計なこと〟で乱されたくないと思っています。だからこそ、あらかじめ「時間」と「話の内容」を明確に相手に提示することで、相手もあなたを受け入れる気持ちになれるのです。もちろん、話す前に自分できちんと「内容をまとめて整理しておく」ことは言うまでもありません。

大方の目安ですが、

「報告のみ」なら　1分程度

「相手の意見を聴く」なら　3分程度

で打診してみるとよいと思います。逆に、もう少し時間が欲しいという場合は、自分が欲しいと思う時間の目安と話す内容（概要）を伝えて、あとは相手の判断にまかせるのがよいでしょう。

## 9　事実と憶測を混ぜないように！

繰り返しますが、話の展開は話す人にしかわかりません。この当たり前ともいえることが多くの方にしっかりと意識されていないため、さまざまなトラブルが生じます。これは、あなたが聴く側の立場に身を置けばすぐに理解できることです。

話す側では内容を知っているわけですから、とりあえず「客観的事実」と「自分の推測＝憶測」や「自分の判断」が頭のなかでは区別されています。しかし、話を聴く側の人は何が「事実」で、どこからが相手の「判断」や「憶測」なのか、まるっきりわからないことも多いのです。

そうなると、聴いている人にとっては「？？？」という状態で、話がわかり難いだけならまだしも、混乱さえ招きかねません。たとえば、こんな例を考えてみてください。

「先週、工場に発注した商品ですが、どうやら生産に遅れが出ているようで、実際に工場へ確認に行った社員からも『大丈夫だろうか？』と言われました。たぶん大丈夫だと思いますが……」

これは、営業の担当者が生産部門（工場）に発注した製品の生産状況について、上司に報告しているものです。他の社員が進捗状況確認のために工場にも行っていることがわかります。ということは、営業サイドでは生産の進捗にかなり不安があるということですね。

しかし、あなたが上司の立場なら、「何を言っているのかわからん！」となるでしょう。悪くすると「もっとわかるように言え！」と、怒鳴られるかもしれません。この場合、上司が怒るのは至極当然なのです。これでは何も判断材料にならないからです。

報告している営業の担当者自身は工場の生産現場を見ていないので、仕事仲間からの伝聞情報をもとに進捗の具合を報告しているのですが、基本的には「希望的観測」として「たぶん大丈夫だと思いますが……」と、最後に述べているだけで、確たる情報はありません。

ここで重要なことは「どの程度の遅れ」が生じているのか担当者が明確に知っていないことで、上司に報告するなら、その前に工場に連絡を入れるなりして現状を把握する必要があるでしょう。あるいは、自分の立場でやり難いなら、上司に工場に連絡を入れてもらうよう（催促も含めて）にしっかり頼むなど、具体的な対応策が必要になります。

このように、ビジネスシーンでは〝曖昧な表現〟は危険なものです。何が事実で、どこからが判断や憶測なのか、相手に正確に示さなければなりません。そうしないと、誤解や双方に理解度のギャップを生み出す危険性が大です。

**★ここに注意しよう★**

「～らしい」

「～のようです」

「～だと思います」

という言葉は使わない。事実なら「～です」とか「～が発生しました」と言う。また、自分なりに原因の分析ができていたら、「原因は～だと、自分は判断しています」などと言い換える。こうすれば、相手に混乱を生じさせないように伝えられます。

相手（上司）もまた、あなたの能力を知っているなら、「あなたの判断」については自分なりの評価をするでしょう。そこは上司の管理能力です。また、誰かに伝え聞いたことを報告する場合には、「誰が、いつ、どのように言っていた」と、事実関係を明確にすることが重要です。

新入社員でないならば、ただ事実を伝えて「あとはお願い」とはいきません。あなた自身の考えた「改善策」や「意見」などを付け加えてから、上司の指示を仰ぎます。事実の報告だけをして「どうしましょうか?」と投げかけると、多くの場合、「君はどう思うんだ?」と返されることでしょう。

もちろん、せっかちな上司で、何でも自分で決めたがるようなタイプのときは、あまり自分の意見を言わないほうがよいという場合もあるかもしれません。

一般論としては、しっかりと事実関係を整理して上司に伝えたのち、その件について自分の意見や善後策について述べ、相談するというのが「報告・相談」の最も良い形です。

## 10　木を見て森を見ず

報告や相談が必要なとき、あなたの話の展開をどうするかは重要です。相手にわかるように話すということは、言葉の問題や話し方の良し悪しだけでなく、そのときに、そのテーマ全体のどの部分について（どこまで）話すのか、そこを話し手がきちんと決めておく必要があります。つまり、話の「構成」に注意することがポイントになるのです。

まずは全体像 → ざっくりとした枠にくくられたもの → さらに細かく噛み砕いたものという具合に分類することをおすすめします。こうすれば、聴く側の人にストレスがかかりません。

たとえば、全体像が理解できていない人にいきなり細部の話をしたらどうでしょう？

「それ何の話だ？」

ということで、相手が怒ってしまうかもしれません。もちろん、日々どの件について報告しているような場合なら、逆にポイントだけを報告するほうがよいケースもあります。

さて、よく「ビジネスの話は結論から」と言われていますが、それができている人はとても少ないのが現実です。人は誰でも、ものごとに詳しくなればなるほど細かいことにこだわります。そして、そこから話をしたがります。これは「自分がいろいろと詳しく知っていることを示したい」という自己顕示欲でしょう。

でもそれでは、話し手は楽しいかもしれませんが、聴き手にとっては、聞かされている内容が全体のどの部分に該当して、結果に対してどういった役割を果たすのか、まったくわかりません。こうした話し方は避けたいところです。

これはビジネスに限らず、ほぼすべての局面で言えることですが、話し手は、

- 「自分がもっとも伝えたい内容」のイメージをしっかりと相手に伝えて
- お互いの認識に「大きなズレ」がないかどうかを確認したうえで
- 詳細を話す

ことが必要なのです。そうすれば、早く正確に理解してもらえるのです。少々面倒な感じもしますが、こうした手間を惜しまないことで、最終的には短い時間で相手がきちんと理解できるようになります。それが情報を正確に伝える早道なのです。

**★ここに注意しよう★**

相手にとってわかりやすく親切な話し方というのは、何もかもこと細かく説明されることではなく、

**今、自分が聴いている話が全体のどの部分に該当しているか**
**それを常に把握できている状態**

であることです。こういう状態なら、聴き手にストレスはなく、話し手のあなたへの信頼感が高まります。誰でも、そうした相手と仕事をしたいと思いますすね？

ですから、話す側の人は、聴く側の人を「自分がもっとも伝えたいところ」すなわち「話の着地

点」に誘導する案内係であると言ってよいでしょう。そう考えれば、あなたが話すときに重要なことは、

**「うまく話す」ことでもなく、「相手を説得する」ことでもない**

という事実をご理解いただけると思います。まさに、自分の話を受け止めてもらえる状況をつくり出すことによって自ずと〝聴いてもらえる空気〟がつくられていくことがおわかりいただけたでしょうか。

# 第6章

# 職場でのコミュニケーションをさらに良くする10のコツ

## ―ケーススタディですぐわかるコミュ力アップ法

# 1 人の心を動かすコツ

結論から言えば、人の心は「人の心」でしか動かせません。身も蓋もない言い方ですが事実なのです。たとえば、あなたは「やる気のない人にどう接していけばよいのか?」、それがわからないのではないですか?

誰でも「上司」や「先輩」という立場になると、自分の本来業務以上に部下とのやりとり(コミュニケーション)に苦労することになりがちです。つまり、自分自身も今まではグチグチと陰で文句を言っていれば良かったのが、今度は180度逆になって自分自身が部下や後輩から文句を言われる立場になるからです。

私の経験では、どこの会社でもひとたび—上司や先輩という—人を「指導」したり「育成」したりする立場になると、自分が偉くなったような錯覚を起こしてしまう〝残念な人〟を目にします。そういう人には、当然ですが誰もついてきません。

企業のなかでは、上司や先輩の役割とは「部下や後輩の能力を伸ばし、また意欲を掻き立てる」という部分にあります。これは実は、人から与えられるルーティンワークではなく、相手に応じて個々に対応しなくてはならない、かなり大変な仕事なのです。

この仕事をうまくこなすには、型にはまったメソッドだけでは到底対応できず、あなたのオリジナリティも相当に求められるのです。そして、ここで失敗するとリーダーとしての適正を疑われてガクンと評価を下げるでしょうし、逆に成功すれば、上司や同僚からの高評価～「あいつは人を動かせる人間だ！」～にも結びつきます。そしてまた、ここであなたのリーダーとしての役割を支えるのがコミュニケーションのセンスなのです。

先日、電車のなかで小耳にはさんだ会話です。20代後半の男性会社員と30代半ばくらいの男性会社員の会話でした。


〈20代男性〉

「何か、こう……いやになっちゃったんですよね。ほんと……。私が何も考えていないみたいな言い方で指図されるんですよ」

〈30代男性〉

「うん」

〈20代男性〉

「あんな言われ方だと、やる気も出ませんよ。しかも、今度メシでも一緒に喰おうって……」

〈30代男性〉

「あぁ、よくある話だけどね」

〈20代男性〉

「職場以外の場所でアイツの顔なんか見たかないっつーの。一緒にメシ喰って何になるんですかね。こっちの話を聴こうともしないし、まず本当に言いたいことなんて言えるわけないし」

〈30代男性〉

「……」

おそらく、このやり取りを読んで「よくある話」だと思った方は多いのではないでしょうか。若い会社員の彼も大変だと思いますが、彼の上司だってラクではありません。指導する立場にある上司も会社に雇用されているのです。当然、自分の管理する部署の業績を上げなくてはならないのですから、文句ばかり言って業務成績を上げられない部下を見ればついイライラすることもあるでしょう。

そういう日常のなかで、心ならずも「はっぱをかける」「指図する」「怒鳴る」という行為に及んでしまうことも容易に想像できます。しかし、人は指図されたり無理強いされると反発する動物です。そして、さらにやる気を失ってしまうものなのです。「今やろうと思ったのに……」という、あの心境です。

## ★ここに注目しよう！

はっぱをかけたり、押し付けたりするからやる気を失せてしまうのだから、相手を変えようとしないで、こちら側が関わり方を変えればよいのです。

たとえば、私の仕事を例にあげてみましょう。研修講師という仕事では、受講者のほうが年上で人生経験豊富な方々であるケースもあります。もちろん、多くの受講者が熱心に私の話を聴いてくださいますが、なかにはふんぞり返って「お前の話なんぞ聴いていられるか！」と言わんばかりの態度が見え見えの方もいらっしゃいます。

私も仕事柄、受講者にもいろいろな方がおられることは百も承知ですから、それで動じることはありません。むしろ、こういうときに思うのは、そうした態度の方々というのは「自分の存在を認められたい」という欲求がとても強い方ではないか、ということです。ある意味では自己顕示欲の強い人たちとも言えるでしょう。そこで私は、相手が「これは得意だ！」と思っているらしいポイントをいち早く察知し、その部分をくすぐることに徹します。

あるとき、営業職の方たちを集めての「コミュニケーション研修」で講師を務めました。研修をご依頼くださった企業の方針をきちんと押さえつつ、現場で動いている方々の声も拾うというパターンで進めました。そして、こうした研修のなかでは必ず、態度が大きくて自己顕示欲の強そうな〝ベテラン営業マン〟の方にもご登場をお願いするのです。

「実際に現場で活動なさっている方々の声に勝るものはありません。ここでぜひ、今までいちばん痺れたという逸話をご披露いただけませんか？」

そうすると、ふんぞり返って腕組みしていた〝ベテラン営業マン〟の男性は、「えーっ、皆さんにここでお話しするほどのことでもありませんがー」と謙遜しつつも、得意満面でご自身の経験談をご披露くださいます。私はそのお話のなかから、その方が得意としている部分を見出し、研修の最中にも、「ここはやはりベテランの方に助けていただけますか？」と、いかにも相手を頼りにするような関わり方をします。

そうすると、それまでふんぞり返っていた〝ベテラン社員〟が「あっ！」という間にこちらの味方になってくれるのです。これは、決して媚を売るのではありません。人間の本能である「人に認められたい」願望をうまく利用しているだけで、誰のプライドも傷つけずに、研修自体も中身が充実して、しかもいい雰囲気で最後まで続けられるのです。

繰り返しますが、人は誰しも「認められたい」といつも思っています。ですから、あなたが相手の「認められたいポイント」に気づくことで、相手の心を動かすきっかけになるのです。自分を相手に置き換えて考えればわかりますね。

こうしたことを考えても、人をその気にさせるには相手の気持ちを尊重することが第一なのです。相手を責めたり、強引に何かを押し付けるのではなく、自主性を重んじて盛り立てるということが大切なのですね。

# 2　人と自分の〝違い〟に絶望しないコツ

人は誰しも、程度の差はあれど〝支配欲・征服欲〟を持っています。他者を支配したい、または「人間の集団」や「組織」を支配して自分の思うままにしたい、そんな欲求です。そして、そのための装置が、通常は権力であったり経済力（財力）であったり、ときには暴力であったりします。

でも権力や財力があるからといって、人は決してこちらの思いどおりにはなりません。そして、そうならなければならないほど、本人は支配欲に燃えて熱くなり、さらに欲求が高まります。

人を支配するための手段の一つが「言葉」です。そういえば、外国の有名な指導者や歴史上の独裁者には演説のうまい人が多いですね。日本では、人々を熱狂させるような演説のうまい政治家はほとんどいないのですが、これは日本語という言語に何か理由があるようです。しかしそれでも、やはり言葉は重要です。

人はいつも相手に何かを期待します。どんなときにも、人は最初から何も期待しないで誰かと会話をすることはありません。たとえば、

「こう言ったら、きっとこちらの気持ちを察してくれる」

「ここまで言えばすべてを理解してくれる」

「こういう言い方をすれば、思った通りに動いてくれる」

などという気持ちが、会話に際しては必ずあります。だからこそ、相手が「自分の思い通りになる」とか「必ずわかってくれるはず」と思って話をし、結果はそうならない（当たり前ですが）現実を目の当たりにして、無性に「腹が立つ」のです。

そこには、自分でつくり上げた勝手なストーリーがあり、相手の反応は「こうでなくてはならない」という予定を頭のなかに描いていることがあります。そのストーリーが断ち切られることで、がっくりして腹も立つのです。

ここで、「あいさつ」を例にあげてみましょう。私がときどき伺う企業でお聞きした話です。入社したばかりの新人社員が、オフィスのドアを開けて明るく気持ちのよいあいさつをしました。

「おはようございます！」

ところが、誰一人としてあいさつを返すことなく、オフィス内はシーンとしたまま。当然、この空気に困惑したのは元気にあいさつした本人です。そこへ、自分の席で新聞を読んでいた課長がゆっくりと彼に声をかけたそうです。

「誰もあいさつしないね」

「……」

「それが人生ってものだよ。うまくいかないことのほうが多いんだよ」

そして、彼の肩をポンっと叩いて、

「ま、頑張ろうや」

この一連のやり取りで、オフィス内も新人の彼も和んだという。そして、このことがきっかけになって、この課長は他の社員にも好意的な印象を与えるようになったということです。

「まあ、焦ることはないさ。今はうまくいかなくても、またチャンスはあるから」

そう言ってくれる上司の存在は、日々の仕事で何かと思い通りにならなくて焦っている人たちに〝肩の力の抜き方〟を教えてくれる貴重なものでしょう。そうした余裕が、職場により良いコミュニケーションを生み出すのです。

**★ここに注目しよう！**

何を言っても思いどおりにならない、相手が自分の希望どおりに動いてくれない、こんな現実に直面して人との関わりを断念してしまえば、人は孤独に苛まれることになります。もともとコミュニケーションとは、自分と相手の〝違い〟を見出すところから始まるのです。

そして、単に違いを認識しても、すぐに相手の考え方や行動を理解することには直結しません。社会的立場や地位、いろいろな意味での価値観の違いによって生じる「落差」や「差異」に対して、ここまで違えば「どうせ話しても無駄だから……」とあきらめたくなる瞬間もあるでしょう。

しかし、逆に考えれば、こうしたコミュニケーションの限界を認識したうえで人と関わることが大切なのです。限界を知ること。それこそ、さまざまなビジネスシーンで（プライベートでも）あなたのコミュ力を有効に使う前提条件だと思っています。

## 3 相手に謝罪して説得するコツ

仕事をしていると、ミスは必ず起こります。その原因が自分自身にあろうと社内の別の部署にあろうと、あるいは仕事を外注している業者にあろうと、そのミスで損害や迷惑を被ったお得意さま（クライアント）にとっては誰のミスであるかは関係ありません。

そういう場合、まず謝罪して相手の気持ちをなだめ、ミスが起こった原因や経緯を説明し、今後もどうにか取引を続けてもらいたいと〝説得〟する必要があります。

しかしまた、この〝説得〟ほど難しいものもありません。特に、ディベートの習慣がほとんどない日本人同士の間で、論理的に相手を説得する（情緒に訴える部分も必要がないわけではないですが）ことは至難の業かもしれません。

実際に昔から、体育会系の管理職のなかには、

「お前ら、ガタガタ言わずに俺について来い。悪いようにはしないぞ！」

という決めゼリフで部下を動かす人もいましたし、こういったタイプこそが「日本人としてあるべきリーダー像」とも考えられてきた（今もなお？）ことは疑いのないことです。たしかに、理屈ではなく人間力（人間としての魅力）で部下を動かすというのが、日本だけでなく東洋世界での理想でもありました。

それに、たとえば〝軍隊〟では（世界のどこでも）命令は絶対です。いちいち部下に事情を説明して〝理解〟を求めていては間に合いませんし、さらに「命をかけて」論理を超えたところで戦うというような、企業活動とは本質的に異なる部分もあるでしょう。もちろん、旧軍隊の経験者はもう会社にはいません。軍隊世代は、昭和の初めに生まれた人たちまでです。

しかし世の中にはときどき、説得などと言うと「相手をねじ伏せて意のままにすること」だと考えている方もいます。でも、説得とは決してそういうものではありません。すなわち、説得とは『理解→納得』という筋道を通って初めてできる作業です。相手の理解がなければ、説得は成り立ちません。それでは、そのためのコミュニケーション法はいかなるものでしょう

か？

それは、今の状況や背景、理解協力の必要性を相手にきちんとわかりやすく説明することが求められます。つまり、表現する力を意識して伸ばすことが大切なのです。

では、表現力を意識してその力を伸ばすにはどうしたらよいのでしょうか。まず「単なる感想」と「説明」との違いを自分自身の頭のなかで明確にすることです。それがしっかりできていないと、最初から説得は無理です。

「説得」とは、相手の立場や置かれた状況を考えたうえで、慎重に言葉を選びながら、また相手の反応を見ながら、事実や経過を説明し今後の方向性（または解決策や善後策）を提案して、賛同を得ようとする作業です。

これに対して「感想」とは、自分が感じたことや思ったことをそのまま述べるものであって、相手に理解を求めることが目的ではありません。両者は大きく異なるのです。それなのに、相手から「説明」を求められている場で、勝手に勘違いして「感想」を述べるといったケースはかなり多いのではないでしょうか。

たとえばこんな例も考えられます。あなたが課の代表として社内研修に出席し、戻ったときに上司から、

「今日の研修はどうだった？」と訊かれて

「あ、はい。まぁまぁ……ですかね」などと答える。

この返答は個人の感想にすぎません。上司は「どのような内容の研修だったのか？」と訊いているのですから、研修の内容をきちんと伝えなければなりません。

「今回のテーマは職場内のコミュニケーションの重要性に関するテーマでした。講師の話で印象に残ったのは、あいさつのところでした。それと、会話だけではなく視覚的な効果も活用するというのも興味深かったです。出席した同僚も面白かったと言っておりました。近日中に簡単な報告を上げます」

といった感じです。きちんと具体的な内容を伝えることで、相手は初めて理解できるのだと、しっかり覚えておいてください。また、もうひとつの例をあげてみましょう。

今度は、取引先から約束の期日に納品がなかったことにクレームがきたケースです。下手をすると、先方から取引停止を突きつけられるかもしれません。あなたが担当者ならば、今後とも注文をいただける関係を維持するために相手を説得することも必要になるでしょう。

**★ここに注目しよう！**

当然、このケースではまず謝罪から始まります。そして、相手にこちら側のミスについて正確な経緯を理解してもらい、また同時に謝罪の気持ちを汲み取ってもらい、さらに今後も取引きを続けて行きたいという意思を確実に伝えて賛同してもらわないといけないのです（その場ですべては無理かもしれません）。

「困るんですよ、本当に……。お宅を信用して今回も発注しているんだからさぁー」

「いや、本当に申し訳ございません。お詫びの言葉もない次第で」

「で、どうして遅れたの？」

「いや、今回は弊社のミスでして……」

「そういうことを聞きたいんじゃないんだよ。具体的に、どんな事情で納品が遅れたか、そこをお尋ねしてるんだよ。だいたい、お宅の会社は取引先との約束はどうでもいいの？」

「……」

これでは、この先良好な関係を続けるのが難しい予感がします。ここでは、相手はクレームを出しながらも、期日までに納品できなかった事情（事実経緯）も知りたがっています。当然ですね。この相手方の担当者だって、帰社してから報告しないといけません。「とりあえず、謝ってました」では、まったく報告になりません。

こういうケースで第一に気をつけたいのは、事実経緯を説明をするときに「言い訳」にならないようにすることなのです。

「本当に申し訳ございません。御社とのお約束の期日にきちんとお届けできるように発送いたしましたが、どうやら先ほど確認いたしましたら、大雪による天候悪化で交通規制があったようです。

今後はもう少し日程に余裕を持たせた配送を心がけるようにいたします。申し訳ございませんでした」

という感じで、自分たちに落ち度があれば素直に認めるのです。そして、今の状況（問題がある状況）は今後「改善可能である」という印象をもたせることも、とても重要なポイントです。

常識的に考えてできないことなら別ですが、会社としてしっかり対応して、早急に改善していけることを強調する（また実際に改善する）ことで、相手の不信感をぬぐうのです。

また、原因の究明が徹底的に行われていない段階では「誰が悪い」とか「どの部署の責任だ」とか、そういうことを明言しないのも大切です。こういうことは、一度そう言ってしまえば、それで確定になってしまいます。「詳細はしっかり調査して後日またご報告します」というかたちもありなのです。

このようなケースで事実の経緯を説明をするときには、くれぐれも事の起こり（発生原因）、背景や進行状況、今後の改善に関する具体的な措置など、手短に客観的に伝えることを心がけてください。あなたの感想はいりません。

例：「いやー、あの運送業者はちょっとですね。もう頼まないつもりです」

は無用です。もしその業者に問題があれば、その会社に改善を要求するなり、他の業者に代えるなり、それはまた後日はっきりしたところで、必要があれば先方にも知らせればいいのです。繰り返しますが、仕事をするうえでは、あなたの思いや感性から生じる「感想」よりも、相手に正確な情報を提供するコミュニケーション力（説明する力）のほうが大事なのです。

## 4 「生きた言葉」を使うコツ

ビジネス上での会話では、まず話の筋道を立てる（論理的であること）ことは、相手にとってもわかりやすいうえに、誤解を生むことも少なく、お互いの相違点などが明確になるのでメリットが大きいものです。またその際、ある程度は相手からの反論があることを想定していれば、「コイツ、なかなかやるな」という、相手からの高評価にもつながります。

しかしながら、どんなことにも表と裏があります。論理的であることに偏ると、どうしても理屈っぽくなりがちで、少々話に面白味がなくなってしまうことも事実です。そこで私は、「人の心に響く表現」として人間味のある《生きた言葉》を使うことをお勧めします。

それでは、この《生きた言葉》とは、一体どういうものなのでしょうか？　それはたとえば、相手に共感してもらえるような表現を用いることであったり、難しい言葉をなるべく使わないように工夫することであったりします。人は難しいことばかりを聞かされていると、苦痛をともなうのです。ときどきならそれもよいとして、長い時間にわたって、難しい言葉を理解するために緊張状態を続けることは、かなり疲れをもたらします。

私は、言葉を使ってさまざまな情報や自分の考えを受講者の方々にお伝えすることを仕事としておりますので、「生きた言葉」しか人の心に響かないことを嫌というほど経験済みです。これは、実体験で学習したことの一つなのです。

実際何についても、物事の説明は小難しく言うほうが簡単なのです。文章を書くときもそうですね。中身を本当に理解できていないと、やさしい言葉にできません。話すときも書くときも、むしろ誰が聞いてもすぐわかるように話すのは、とても難しいことなのです。

それでは、どのようにすれば「生きた言葉」が身につくのでしょうか。

それは、たくさんの人と会話をするなかで、相手の言葉や表現に意識を向けることです。たしかに、本を読んだり、新聞を読んだりすることで、語彙を増やすことはできますが、実際の会話には「場の空気」というものが存在しますので、その場の空気にマッチした表現が求められるわけです。でも、コミュニケーションに苦手意識をもっている人にはここが最大の壁かもしれません。

さて一般には、日本人は空気を読みすぎると言われますが、どうでしょうか？　少なくとも、その能力が不足している人や努力が不足している人はかなり多いのではないでしょうか？

このスキルが低い人たちは、まず「空気を読む」ということの意味や、そのために感覚を研ぎ澄まさせることを理解するのが困難なのです。しかし、自分自身がコミュニケーション力不足で「空気を読むのが苦手なのだ」とはっきり自覚しているなら、まだまだその人には可能性があるのです！

### ★ここに注目しよう！

誰もがある年齢に達して経験することですが、小学校や中学校の同窓会で驚くことがあります。それは、お互いに会わずにいた長い年月の間に、まるで「人が変わってしまった」ような同窓生が少なからず存在することです。

あれほど無口で目立たない子（女子）だったのに、今では華やかな山の手の奥様になって、周囲の男性たちともペラペラ喋りまくってるとか、どちらかと言えばマイルドヤンキーっぽい男子で口数も多いほうだったのに、今では重厚な中年紳士で、言葉も慎重に選びながら話しているとか、いろいろあるわけですね。

どうして、人にはこんな劇的な変化があるのでしょうか？　それは〈環境が人間を変える〉という一面があるのと、同時にまた〈人間は意志さえあれば自己変革できる〉という一面があるのと、その両面の生きた例証なのです。

自分が「空気を読めない」と思うあなたは、まず自分の身近でコミュニケーション能力の高そうな人を探しましょう。そして、その人の姿を日々身近に見ることで、コミュ力アップのコツがかなりつかめるようになります。

どんなことでも、その能力に長けている人から学び、真似ることで、自分が欲しい能力を身につけることができます。しかも、大きなお金がかかるわけではないのです。やらない手はありません。

とにかく、一日も早く場数を踏むことが大切なのです。そして、それが早道なのです。

臆することなく、たくさんの方と会話して「生きた言葉」をひとつでも多く身につけてください。そうして身につけた〈表現のカード〉は多ければ多いほど会話の実践で力を発揮します。もちろん、あなたのコミュ力もアップです。カッコつけることはありません。飾りのない「生きた言葉」ほど、相手に強い印象を残せます。最後に、私が経験した実際例をあげてみます。

《コミュニケーション研修のときに、前に出てスピーチをお願いした女性の例》

私に指名された女性は、

「ものすごく緊張して呼吸をするのも忘れそうですが、ご飯が食べられないほどではないので、ダイエットにはならないかもしれません。残念です」

というユニークな前置きで明るくスピーチを始めてました。この方はその一言で会場の受講者の多くから共感を得ることができました。

≪職場でのコミュニケーションについて管理職の方々と話していたときの例≫

「結局、こちらが一線を引いちゃダメなんだよね。そうすると向こうも引いちゃうからさ」と、ある方が何気ない言葉でコミュニケーションの本質を語ってくれました。

たしかに、誰でもその言葉を聞けば、「そんなの当たり前」とか「私にだって、そのくらいは言える」と思うかもしれませんが、言えるとか言えないということではなく、与えられた環境（その場）の雰囲気のなかで自分が「生きた言葉」を発するかどうか、そこが問題なのではないでしょうか。

まずは相手の機微に触れる瞬間を逃さないようにしましょう。それを感じることができたら、コミュニケーション力のステージが上がっているという証拠です。

## 5 叱るときのコツ

ここはとても大切なところです。部下や後輩を上手に叱ることができる人は、実はそれほど多くはありません。勤続○年といっても、むしろできない人のほうが多いのです。それだけに、この〝うまく叱ることができる能力〟というのは、リーダーとして必要不可欠の部分なのです。

まず一つの前提があります。上司として部下を叱るのは、まさに、

**・部下から最も嫌われるけれども、組織を動かすうえでは絶対に必要なこと**

だということです。部下に嫌われたくないからと「叱る仕事」を避けていれば、同僚からも部下からも軽く見られるでしょう。かといって、むやみやたらに注意したり怒鳴り散らしていては、ただ嫌がられるだけで誰もついてきません。

特に近年では親にも怒鳴られたことがない〝お坊ちゃま社員〟や〝お嬢さま社員〟も少なからずいるとか……。そんな相手をどう叱るのか、そこがとても難しいところです。

そもそも「叱る」のは何のためでしょうか？　それは「改善」のためです。ですから、相手のミスを指摘してガミガミと言うことが「叱る」ことではありません。あくまでも〝誤り〟や〝問題点〟を指摘するとともに、相手の仕事のやり方やスキルを進歩・向上させるのが目的なのです。それによって、職場全体のパフォーマンス（達成度・成果）を高めるのです。

最初に述べたように、上手に叱る能力をもつ人は少ないです。まず、しっかり叱るためには、自分自身が「本来はどうでなければならないか」を理解していなければなりません。自分がそれをまったくわかってもいないのに、

「馬鹿ヤロー、おまえ何やってんだ！」

「いい加減にしろよ！　俺に恥をかかせるのか！」

と、ただひたすら怒る人もいますが、これではまさに、自分自身も〝馬鹿〟なのです。このように自分の感情に任せて怒りの言葉を発しているのは、「叱る」のではなく「怒る」ことでしかありません。繰り返しますが、上司や先輩として「叱る」というのは、

・第一に、相手に〝気づき〟を与え

・第二に、そこを出発点として改善に向けて前向きに取り組めるように指導すること

なのです。単純に「誤りを指摘すること」だと考えていてはだめです。また、この二つ（気づきを与えること・指導すること）をつい混同しそうになりますが、相手にとってはまったく違ったものとして解釈されますので、ここは気をつけるべき部分です。

人は誰しも、「自分は間違っていない」とか「自分はいつも正しい」とか、自分に楽なほうに考えたいものです。これはどんな立派な人でも、心のなかではそうなのです。当然そこからは、「間違っているのは相手なのだ！」という意識が自然に生まれます。だからこそ、自分が感情的になって相手に何かを訴えるのは〝逆効果〟なのです。すなわち、相手（部下）が、上司から指摘されたことに対して「反感」や「反発」だけをもつようになると、もう「叱る」ことの目的である「自分の改善点に気づかせる」ことが達成できなくなります。

次に具体例をあげましょう。

ある新入社員は時間を守れない状態が続いています。たとえば、朝礼の時間に毎回２～３分必ず遅刻します。そのとき、先輩の男性社員は、

「また遅れて来た」

という言い方をしないで、こんな会話になるようにしてはどうでしょう。

「○○君、朝礼が始まる時間は８時30分だよ。キミは３分遅れたね」

「すみません。気を付けます」

次の日もまた、

「朝礼は８時30分からだよ」

「ハイ」

そして、数日後にも、

「キミ、今日は５分も遅れてきたよ」

「すみません。わかっています」

こうして、遅刻ばかりする新入社員に対して、この先輩は声を荒げることなく、ただ根気よく伝えることを続けたのです。そうすると、新人は少しずつ時間の感覚をつかみ始めて、ある日朝礼の開始時間ピタリにオフィスに滑り込んで来たといいます。そして、

「朝礼は８時30分からですよね」

と、自分から先輩に声をかけたのです。そのときの先輩社員の返答が何ともユニークでした。

「え〜〜っと、確か8時20分からだったかな？」

とニヤリと笑って答えたという。周囲には笑い声が響き、この日の朝礼はいつも以上によいものであったとお聞きしました。このケースで注目すべきことは、次の点でしょう。

- 自分で間違いに気づいたことに対しては積極的に直そうと努力する
- 人から指摘を受け、なおかつ非難されると、心理的抵抗があって素直になりにくい

したがって、相手には事実だけを伝えることにより、自分で間違いに気づかせるという方法は、とても効果的なのです。

次に、「相手にどこまで求めるのか」という事前情報の提供も大切なポイントです。これは、とにかく忙しい職場でうまくコミュニケーションをとるためには注意すべきことです。どういうことかというと、相手（部下や後輩）は自分が何も情報をもらっていないところへ、突然、上司や先輩から「できていないじゃないか！」と叱られても、何が間違っているのか、何が今問題になっているのか、さっぱり理解できないということです。

職場は、すなわち仕事の現場は、いつも〝時間との戦い〟のなかにあるので、つい忙しさにかまけて、「あいつもこのくらいは知っているだろう」とか「わざわざ言わなくても、何となくいつも見てるからわかってるだろう」ということで、最初に相手に問題の所在をきちんと伝

えないで、いきなり食ってかかることが多いのです。

でも、どうでしょう？　何について叱られているのかわからずに、ただボーッとしながら怒鳴られまくったら……。普通、頭に来るのではないでしょうか？　ですから、叱られた当人が、「それなら最初からそう言ってくれよ」という気持ちになって、反発だけが残るような事態にならないよう、何を問題にしているのか、そこは明確にしておきましょう。

ところで、誰も失敗したくてするわけではないし、上司に叱られたい人もいません。しかしまた、リーダーは自分に任された部署の組織をまとめ、部下の誤りを正し、継続的に成果を出せる体制を維持しなければなりません。そのためには、部下を「叱る」ことを止めるわけにはいかないのです。相手がきちんと自分の間違いに気づくことができるような仕掛けも必要なのです。

では、どのようにすれば良いのでしょうか。

昨今、オフィスでは基本的にすべて禁煙で、指定された場所のみで喫煙ができるというところが多いです。ある職場でのこと、喫煙ブースまで行くのは少し面倒だからと、ビルの外側に造られている非常階段の踊り場でたばこを吸っている若い男性社員がいました。たまたま、彼の先輩社員がそれに気づきました。

この若い社員にどのようにうまく注意しようか？　先輩社員は考えたのです。彼は自分自身も喫煙者であるところをうまく使って、若い社員が非常階段の踊り場に喫煙に行った（らしい）タイミングに合わせ、自分も非常階段の踊り場へ向かいました。そして、

先輩社員「おう、お疲れ様！」
若い社員「あ、お疲れ様です」
先輩社員「悪いけど、一本くれる？」
若い社員「いいですよ」
先輩社員は若い社員からたばこを一本もらい、それに火をつけようとした瞬間、
先輩社員「あ、ここって禁煙だったっけ？　ちょっと、喫煙ブースに移動しようか……。火事にでもなったら大変だもんなぁ」

と、若い男性社員を連れて喫煙ブースに移動しました。このやり取りの後、非常階段の踊り場で喫煙する人は誰一人いなくなったそうです。うまいやり方ですね。ここでは、先輩である男性社員が「おい、ここは禁煙だぞ！　ダメじゃないか！」と頭ごなしに叱りつけていたら、若い社員の行動をすぐに直すことは難しかったと思います。

相手が自分の行動の間違いに気づき、それを修正して行くことを受け入れるための仕掛けには、こうした配慮が必要なのです。決して「上から目線」であったり、「頭ごなし」であったりしてはいけません。そのような方法では反発や拒絶を生むだけで、部下や後輩の誤りを正す

（改善する）ことはできません。

日常で頻発する「小さなミス」に対しても、若い社員に「まぁ、このくらいはいいだろう」という感覚が身についてしまう前にしっかりと修正・改善しなければいけません。ビジネスの世界はとても厳しいものです。職場ではすべてに関して「できて当たり前」がルールなのです。だからこそ、部下からは「このくらいのことで、あんなにうるさく言わなくてもいいのに……」と言われるくらい、しっかりと指導することが大切です。

「叱る」ときの大切なポイントは、

**ミスの大きさに対して「叱る」かどうかを判断するのではなく、**

この先、その社員と共に仕事をする同僚や部下が困ることがないように、

**相手に真剣に向き合うこと**

なのです。社員みんなが有能で頭の回転が速く、思慮深くマナーも心得ていて、仕事がバリバリできる会社（部署）は理想的ですが、現実は少ないでしょう。リーダー、管理者が、職場の破綻を防ぎ、組織をまとめて成果に結びつけるという大きな役割を担っているのです。

ですから、若い社員には最初が肝心なのです。「とりあえず適当に、そのときそのときを切り抜けて行けばどうにかなる」という感覚を身につけさせてはいけません。その大きさにかかわらず、ミスはミスであり、それを報告して修正・改善しなければならない。そのことを叩き

込む必要があります。くれぐれもミスや失敗の大きさが問題なのではないということを、しっかり認識させましょう。さらに、次のことも大切ですから注目してください。それは、伝え方やタイミングです。

**ほめるときは人前で、叱るときはこっそりと**

というのが「叱り方の原則」です。みんなの前で自分の間違いやミスを指摘されて気持ちのよい人はいません。したがって、人の命にかかわるような危険な場面以外では、人前で叱ることは避けましょう。

そしてさらに、言葉の選択です。言葉は思った以上に相手を傷つける凶器になり得ますから、感情的にならないで冷静に話すことが必要です。そして、余分な話をせずに、まず「発生してしまった間違い」と「それによって起きている現実」を正確に伝えるべきです。そこをきちんと押さえて、しっかりと伝えることができたら、相手にも受け止めてもらえるはずです。

「叱る」というのは、叱られる立場はもちろん辛いのですが、叱る側もまた実務能力や人間力（特に包容力や会話術）が必要とされるものです。リーダーの仕事のなかでも特にしんどいものの一つですし、それだけに能力を試される部分なのです。

# 6 ほめ上手になるコツ

さて、前項では「叱るコツ」を説明しました。当然、次にくるのは「ほめるコツ」なのです。むしろ、この二つはセットであると思ってください。叱ることが上手い上司は「ほめ上手」でもあります。逆に言えば、ほめる能力のない人は「叱り上手」のリーダーにはなれないのです。

ところで、一昔前ならこんな感じだったのではないでしょうか？

ある日、部下の若手社員をこっ酷く怒鳴った上司がいたとして、その上司は夕方6時ごろになって皆が帰り支度を始めると、自分が叱った若い社員のところにそっと近づいて行きます。そして一言、

「○○君、ちょっと一杯、行こうか？」

と誘ったのです。若い社員はアフターファイブにもまた叱られるのかと、身をカチカチに硬くしながら居酒屋について行くのですが、上司はなぜか優しい笑顔でビールを勧めながら、自分の昔話を始めたりするのです。そして最後に、

「今日はずいぶん厳しく叱ったけどな、これも俺の仕事だし、お前には一人前になってもらわないと、おれも引退できないからなぁ」

などと、声をかけるわけです。若い社員もその頃にはもう上司への反発心も薄れて、いろいろ自分を心配してくれているんだ、そういう思いが湧き上がってきています。こういうやり方は、一昔前の言葉では「飲みニュケーション」と表現されました。

この方法が可能な職場であれば、これもよいのです。しかし、すべての職場で可能でもないでしょうし、これがベストというわけでもありません。

子どもの教育についても、以前から「ほめて育てる」と言われています。叱られてばかりの環境で育った子どもより、ほめられて育った子どものほうが、成績面でもずっとよい結果に結びつくという調査結果もあります。ですから「ホメホメ」でいけばよいようなものですが、実は相手をほめるのは案外難しいのです。そしてまた、ただほめられてばかりでは職場で人は育ちません。やはり「ほめる」と「叱る」のバランスが重要なのです。

私はよく研修のなかでもお尋ねします。

「皆さまは〝叱る〟のと〝ほめる〟のとでは、どちらが難しいと思いますか?」

実は「ほめる」ことのほうが「叱る」よりもはるかに難しいのです。私のコミュニケーション研修では、実際に「相手をほめる」という課題に取り組んでいただきますが、多くの方がかなり戸惑う姿を、毎回のように目にします。

ではなぜ、この「ほめる」ということがそれほど難しいのでしょうか。それは、

「こんなことを言ったら媚を売っているように思われないだろうか」
とか、
「お世辞やヨイショと思われて、調子のイイ奴だと思われないだろうか」
という気持ちが働くからなのです。しかし、心から相手の〝長所〟をほめることによって、ほめられた本人も気づいていない魅力がさらに輝きを増すことにもつながります。

**ほめることは、相手の長所を見ること**

なのだ、と認識してください。次に考えられる課題としては、相手のどこをほめたらよいのかつかめないというケースです。こういうケースは案外多いのではないでしょうか。

とても残念なことですが、人はまず誰でも相手の「欠点」に気づきます。相手の良い部分には（ビジュアルは別にして）気づきにくいのです。だからこそ、相手のよいところに目を向ける意識がなければ、「ほめる」ということはかなり難しくなってしまいます。

何に関しても、物事は多面的に考えることが必要なように、あなたが人と接するときにも、今まさに目に見えている部分だけで判断するのではなく、ほんの少し角度を変えて、あまり見えない部分にもアプローチしてみてください。そうすると、最初は短所だと思えたものでも、逆によいところに見えてくることもあるのです。何が短所か長所か、実は主観的な基準で判断していることがほとんどです。この世に「絶対普遍の基準」というのはあまりないのですね。

完全な人はほとんどいませんから、発展途上にある人にも希望を見出し、さらに、その人の魅力が増すような〝魔法の一言〟で相手に自信をもたせましょう。それがいつかは、あなたに対する周囲の評価にもつながって行きます。

ここで一つ付け加えれば、「ほめ言葉」を発する側のほうで〝照れ〟てしまって、会話の邪魔をすることがありますね。とかく日本人には照れ屋さんが多くて、「ほめ言葉」を発することにすら恥ずかしさが邪魔になる、そういう方が少なからずいらっしゃいます。どうしても「阿吽（あうん）の呼吸」とか「以心伝心」といった言葉に示されるような、「言わなくてもわかるだろう」とか「人に言われる前に自分でわかるべきだ」といった日本特有の文化が背景にあると思われます。

特に、心理的な距離が近くなると、その傾向が強くなります。恋人同士とか夫婦とか、職場でいつも一緒に働いている者同士とか。しかし、ここが危ないのです。今後はどんなことでも、

・言わなくては相手に伝わらない
・思っているだけでは相手に届かない

ことを忘れないでください。とにかく「ほめる」というのは、お互いに慣れるまでは、「ほめる」側でも「ほめられる」側でも照れくさいのです。でも、恥ずかしく感じることはあってでも後味の悪いものではなく、気持ちのよいものです。そして実際にそれを感じることができたら、

もう「ほめ上手」になるまで、それほどの時間はかかりません。

この世にはほめられて嫌な人などいないのですから、上手にほめて、相手が「自分のここを認めてほしい」と思っているポイントを押さえましょう。そうすることで、ほめられた人は「自分も期待されているのだ」という気持ちを抱き、その喜びからあなたが思った以上の成果を上げることでしょう。

もう一つ、「ほめるタイミング」がつかめない、どうも難しいと感じている方に……。

言いたいのだけれど言えない。最後まで言えばよいのに、いつも言いかけた「ほめ言葉」を引っ込めてしまう。でも、それではもったいないというものです。せっかくですから、この際、一度思い切って「ほめ言葉」を発してみてください。おそらく、ほめられた人もかなり照れながら受け取ってくれるはずです。あなたが照れていれば、相手も照れるのです。それも最初はよいのではないでしょうか？

### ★ここに注目しよう！

ここまでのところで、確かに「ほめる」必要性はわかるけど、
**やたらにほめると、相手がつけ上がるのではないか？**
と心配している方もいるでしょう。確かにそういう一面もあります。しかし、ほめ言葉の後ろに小

さな〝課題〟をつけて伝えると、ほめられた人が〝つけ上がる〟ことはありません。次に具体例で説明しましょう。例として社内会議の後で、部下に一言というケース。

「さっきのプレゼンはすごくよかったよ。資料もとてもわかりやすかった。次回はプロジェクターを使って動画なんかも活用してみたらどうだろう。期待しているよ」

とほめれば、言われた側でも与えられた課題に向けて頑張ります。ただ「よかったよ」だけでは、ほめられた側も「いったい何がよかったのか？」と思うし、何だか社交辞令のように感じられてほめられた気持ちにもなれませんね。ですから、

**ほめ言葉のなかに〝具体的な課題〟を散りばめること**

により、ほめられた部下は、次には「どこを改善すべきだろう」と能動的に（自主的に）考えて行動するきっかけになるのです。ここまで行けば、その部下はもう戦力でしょう。

## 7 〝認められたい気持ち〟をくすぐるコツ

これまでの「叱る」「ほめる」の部分でも説明しましたが、「叱る」にしても「ほめる」にしても、最終的には部下や後輩社員の仕事ぶりや言動についての〝誤り〟に気づかせ、本来ある

べき方向に修正・改善させ、さらに能動的・自主的に飛躍してもらうのが目的です。でも〈言うは易し〉で、「叱る」「ほめる」でもなかなか相手に改善の兆しが見られない場合には、やはり相手の「認められたい気持ち」をきちんと理解しておく必要があります。

実は、人間のさまざまな本能的欲求のなかでも、「他者に認められたい欲求」はかなり上位にランクインするほど原始的で強い欲求なのです。ここを無視したりすると、何事もうまく行かないのです。誰もがいつも「認められたい気持ち」で一杯なのだと考えておけば間違いがありません。

具体的には、

- まず相手の良いところを認めたうえで、改善する必要があるポイントを伝える
- 最後に、「あなたに期待している」という言葉も付け加える

こうしたところを意識して実行してみてください。最初は少し面倒な感じもありますが、相手が反発してしまったら、自分の間違いに気づくどころか、あなたの話も聴かなくなってしまいます。ぜひ、すぐに実行なさってください。

たとえば、作成した資料が自分の指示どおりにできていないので、間違いを指摘したいときにはどうしましょうか。

「お疲れさま。いつも遅くまで頑張っているね。仕事の進み具合はどう？　今日、提出して

くれた書類なんだけど、少し手直しをお願いしたい部分があるから、あとで付箋を付けて一度キミの手元に戻すね。忙しいなか悪いけど、明日の午後の会議に使いたい資料だから、午前10時までに修正して私のところに届けてくれると助かるよ。よろしく頼むね」

というふうに伝えると、資料の手直しに素直に取り組める気持ちになります。これを、ダメ出しをして突き返してしまうと、相手も至らなかった部分がわかっていても、なかなか素直になれません。ちょっとしたことですが、言葉の選択や話の構成で受け止め方が変わってきますから、そのあたりを意識してください。

**★ここに注目しよう!**

もちろん、何度も同じ間違いをする相手には厳しく指摘する必要があります。しかし、普段から小言ばかりでは効果は薄いものです。あたり前ですね。小姑のような上司の言うことに、熱心に耳を傾けてくれる部下などあまりいません。いつもは穏やかに間違いの指摘をする上司が、ときにピリっと辛口の鋭い言葉を発して、厳しく指導するから相手も緊張して襟を正すのです。

いずれにしても、仕事に慣れるということは悪いことではありませんが、いわゆる「馴れ合い」になることは避けたいところです。上手に「ほめる」と「叱る」で緩急をつけて、部下や後輩の指導に当たるように工夫してください。きっと活き活き動く姿を見ることができるはずです。

# 8 相手をあまり緊張させないコツ

コミュニケーションに必要なのは、やはり「相手」です。今の時代、無人島でひとり生きるという選択がまずできない以上は、私たちは皆多くの人たちと関わり合いを持ちながら生きることになります。あるいは死んだ後もまた、(別のかたちで)多くの人と関わり合うことになるかもしれません。死後にもいろいろな人が自分を思い出してくれるかもしれないし、お花やお線香を持ってお墓参りをしてくれるかもしれません。

そういう当たり前のことを再確認するとき、私は〝実践〟の大切さを思わずにはいられません。ですから、私は自分が担当する研修のなかで常々、「とにかく場数を踏んでください」と、受講者の方々に申し上げているのです。

これは一見、講師として無責任な発言であるようにも思えます。しかし実際のところ、研修やセミナーでお伝えできることには限界があるのです。そのあとは、受講した方たちが〈現場〉で試して、自分で覚えるしかないのです。このことはぜひ、心してください。

さて、大切なことをここでさらに確認します。コミュニケーションとは〈自分と相手との間で双方向で行われる情報や感情の交換〉です。したがって、相手があなたとコミュニケーションを取る意思をもたなければ、最初から不可能なことなのです。誰だって何か言えば応えてくれるはず、そんな意識でいたら、とんでもない過ちを犯すことになります。

まず相手の関心を引く、好意を持ってもらう、それができれば言うことなしです。すなわち、**相手の心をつかむ**ことですね。相手が自分に興味（同時に好意）をもち、心を開いて話を聴いてくれる状態をつくり出すのです。それでは、そのためにどうすればよいのでしょうか？

具体例をあげて解説しましょう。

ある企業で、後輩の指導に当たっている女性社員がいます。彼女はとても生真面目な性格で、やや完璧主義の傾向もあります。今回が初めての新人指導ということもあり一生懸命です。しかし、この一生懸命な先輩社員の意に反して、指導される側の新入社員はあまり意欲的とは言えないようです。

指導対象の新人は、なかなか仕事を覚えないうえ、休憩時間には同期の社員とさっさと近所のコーヒーショップに出かけて、自分を指導してくれている先輩社員と距離を縮めようともしません。それで、この指導係の女性社員は、とうとう新人の反応が芳しくないことに疲れてしまったのです。

ある日、その女性は偶然、かつて自分を指導してくれた先輩社員に会ったのです。

「どう？　初めての後輩指導は……」

「はい。とても大変です」

「そうだよね」

「私、新人の指導にはあまり向いてないいんじゃないかと思います」

女性がそう言ったとき、先輩社員がこんなアドバイスをくれました。

「すべての責任を自分だけでとろうとしないことだよ。周りにはたくさんの仲間がいるんだからさぁ、あまり頑張りすぎないことだよね」

先輩社員は過去の指導経験で、彼女がとても生真面目な性格であることを知っていました。ですからこういう言い方で、〈少し肩の力を抜きなさい〉と、彼女に温かいメッセージを投げてくれたのです。

## ★ここに注目しよう！

このアドバイスで、指導係の女性社員は緊張感や疲労感から解放され、とりあえず自分のやり方でいいんだと、気持ちが楽になったそうです。指導される側（このケースでは新入社員）は、指導する側のやや行き過ぎた「真面目さ」や「完璧さ」に違和感をもち、また怖がっていたのでしょう。特に、新入社員ですから世の中を知りません。その後、彼女が少し肩の力を抜くことで、新入社員もまた緊張を解いて（心を開いて）、この女性社員との距離を縮めるような態度を見せ始めたのは言うまでもありませんね。

このケースのように、自分が決めたルール（指導係の女性社員の几帳面なやり方）が、かえって自分自身の身動きを取れなくしてしまうことがあり得ます。生きた人間が相手ですから、真面目ならよいとか、熱心ならよいとか、そんな単純なものではないのです。行き過ぎた真面目さや熱心さのようなものは（そのパワーを発揮する場合も当然ありますが）、ときとして相手を緊張させ、また精神的に追い込むこともあるのだと、知っておくとよいですね。

# 9 相手に行動を変えさせるコツ

子どものころ、お母さんから毎日のように言われなかったですか、こんなことを。

「もう学校の宿題は終わったの？　早くやりなさいよ！」

嫌になるほどうるさく言われませんでしたか？　でも、そう言われると宿題をやる気はなくなり、急に外に遊びに行きたくなりませんでしたか？

人の心はとても複雑で、「やってはいけない」と言われると、どうしてもやりたくなるのです。逆に、「どうぞ、やってください」と言われると、その気はなくなるのです。面倒な話ですね。でも、そういう人間の心理を理解しておけば、コミュニケーションのうえで役に立つこともあるのです。それを具体例で考えましょう。

あるショッピングセンターでのことです。ここで清掃員として働いている女性がいます。その女性は、お客たちのトイレの使い方があまりにもひどいことに、いつも頭を悩ませていました。その有り様は、〝自宅のトイレだったらこんな使い方はしないだろう〟と思われるレベルであったそうです。そこで、彼女はトイレを利用する人の視線が必ず向いて行く場所に、ある張り紙をしたのです。それは、

「トイレットペーパー以外の紙は流さないでください」

「トイレを汚したら自分で簡単にふき取ってください」

「洗面台に髪が落ちたら拾ってください。水つまりの原因になります」

などなど……です。自分が清掃をしていて困っていることを紙に書いて貼ったのでした。でも、効果はありませんでした。こういう注意書を目にした人の気持ちはどうでしょうか。

「じゃあ、何のために清掃をする人がいるの？」

「自分が楽をしたいから、こんなことを言ってるんじゃないの？」

と、思わぬ方向へと気持ちが動いてしまう可能性が高いのです。まだ、そんな使い方をして

いる訳でもないのに、まるで監視されているような気分になってしまいます。もちろん、お客様の使用状況が改善されなかったことは言うまでもありません。そこで、彼女は逆転の発想をしました。

「いつもトイレをきれいに使っていただき、ありがとうございます」

この一言だけを紙に書いて、使用するお客様の目に留まる場所に貼ったのです。そうしたら、驚くほどお客たちのトイレの使い方が変わったそうです。

### ★ここに注目しよう！

自分が行動を起こす前から指摘をされているような言葉では、心に響かないのです。むしろ、相手に自分の行動を少し考えさせられるような言葉を投げかけて、能動的に動いてもらえるような状況をつくり出す、そこがポイントです。そうしたことを念頭にいれて、相手の心をつかむ言葉を投げかけると、驚くほどの効果が得られます。たくさんの説明はいらないのです。相手の心に響くワンフレーズで充分。

# 10

## 相手を能動的に動かすコツ

相手が納得して、事情を理解できるようになったら、あとは自分自身で能動的に動いてもらうだけですね。しかし、これも『言うは易く、行うは難し』です。どうしても、指導したり監督したりする立場の人間は、結果がほしいので焦ってしまうのです。当たり前と言えば、当たり前の心情です。しかしまた、これがいちばん、どちらにもマイナスに働く要因なのです。ここは、しっかり覚えておいてください。

もとより人は、他者から強要されたり押し付けられたりすると、無条件で反発したくなるものです。まして、こちらがその相手を管理（コントロール）しようとしているなら、あるいは、そのように見られているなら、その反発は強まるばかり……でしょう。

さらに重要なことがあります。それは、能動的に動くのと人から言われて動くのとでは、当人の気持ちのうえで大きな違いが出てくることです。別な表現をすれば、自分から動くほうがより大きな成果に結びつくのです。

そうであれば、人間は誰もが基本的には〝自分の意志〟で動きたいと思っているわけですから、指導的立場にある人は、相手がそのように自立的に動くように誘導しないといけません。

ということで、そのような例をあげてみました。

買い物に行って、とある衣料品店に立ち寄りました。でも、三名いる女性店員の誰一人として自分には気づいてくれない様子。そう、若い女性店員（二人）が店長らしき年長の女性からお説教をされていたのです。そして、お説教をしている女性（店長）の声が大きいので、嫌でもこちらにも話が聞こえて来ました。

「すみませんでした」

「ホントに困るのよね。もっとまじめに仕事のことを考えてよ」

「はい」

「もう二年目でしょう？　今夜は寝ないで仕事のことを考えてみたらどうなの？」

「でも、寝ないと明日の仕事が……」

「ほら、すぐそうやって後ろ向きになるんだから。もっと積極的に、前向きになったらどうなのよ。だから、あなたたちはいつまでもダメなのよ」

こうして、どんどんとお説教の声は大きくなり、言わなくてもよいことまで言ってしまうのが一つの「説教パターン」です。おそらく、若い女性店員たちは仕事が遅いのでしょう。それで、店長は何か助言したかったのでしょうが、いったん話を始めると自分の声に興奮して、さらに話のポイントもずれてきて、若い店員たちも何が問題で説教されているのか、やや理解不能の状況になりつつあったようです。

こういうタイプのお説教では、相手（若い店員たち）の心には何も届いていないと思っていいでしょう。彼女たちからすると「あー、また言われちゃったね」という程度です。それでは、いったいどう話せば、相手にもきちんと真意が伝わり、そして、彼女たちが能動的に自分から動いてくれるようになるのでしょう？

まずは、指導する立場の者が「自分でやって見せる」のが基本です。言葉だけでは伝えられることに限界があります。そこで見せる方法（視覚）も大いに活用して、あらゆる角度から相手に教えましょう。

そして、相手がまだ不安そうにしていたら　それを払拭するような言葉をかけてあげてください。たとえば、自分の失敗談や経験談でも良いと思います。さらに大切なのが、最後の「救済の言葉」です。救済などと言うと、ちょっと宗教じみていて大げさかもしれませんが、これがまだ仕事を始めて間もない人や新しい業務に取りかかる人への〝救い〟になります。

「わからなかったら、いつでも訊いてね！」

相手も、先輩が〈こうすればできる〉という具体的な方法を示せば、それならやってみようという気持ちにもなります。人はこちらの思い通りには動きません。子どもですらそうです。ましてや大人なら、というふうに考えましょう。だからこそ、能動的に動いてもらうための接し方が必要で、とても重要になってくるのです。あなたも、こんな台詞を吐いた経験があるのではないですか？

「今やろうと思っていたのに」

「わざわざ言われなくても、わかっているのに」

この「のに」の続きは、

「あんな言い方をされると、やる気がなくなっちゃいますよ」

ということなのです。誰でもふとしたことで湧き上がるこうした反抗的な気持ち。相手の言動や何かを注意したい、少し言いたいと思ったら、ぜひ伝え方とタイミングを考えてください。

前述の「叱る」項目でも述べましたが、指導される側、あるいは叱られる側も、やはり生きた人間です。いろいろ言われたり、ガンガン怒られたり、自分の問題点を指摘されたり、もとより〝楽しい〟ことでも〝気分のよい〟ものでもありません。

同時にまた、叱る側、指導する側にとっても、かなり精神的にしんどいものです。しかしまた、人を育てて戦力化し、部署として組織として（会社として）パワーアップするための重大な仕事です。それができる人財は多くないのです。だからこそ、相手に届く言葉を投げかけ、また、その言葉を受け止めやすいような環境をつくって、「上手に叱る」「しっかり指導する」ようにお願いしたいのです。そこから「自分で動く」社員、能動的で自律的に動ける人財が生まれるのです。

### ★ここに注目しよう！

正しいことを伝えるにも、相手にそれを押し付けるような形になればたちまち受け皿を取り下げてしまうのが人の気持ちというものだということも念頭に入れておきたいところです。

正論を理路整然と語るうちに「説教」になってしまった、ということはありそうな話です。指導する立場になると、つい説教じみた話になるのは理解できなくもないのですが、そういう話ほど、相手に能動的な行動をさせるというところから遠のいてしまうものなのです。

最終講義
①

# 就職活動中のあなたへ

就職活動は学生の皆さんにとっては〝未知の世界〟であり、新しい世界への扉の一つであることでしょう。キャンパスでもネット上でも、これまでの人生では経験しなかったような捉えどころのない多くの情報が飛び交い、自分はいったい何をどうすればよいのかわからなくなってしまうのではないでしょうか。そこで、私が大切だと思ういくつかのポイントをまとめてみました。ぜひ参考にしてください。

まず重要な視点。学生の皆さんにとっての「就職活動」は、企業側から見れば「採用活動」です。企業の採用活動では、もちろんＥＳもウェブテストも重要ではありますが、企業によってはそれらを課さない会社もあります。

しかし、面接をしない企業はありません。就活においては面接を通過することなしに内定はあり得ません。どんな企業でも、面接を通じて最終的に採用（内定）を決めます。この「面接」という手続きは、相手の人となりを確認すると同時に、その業界や会社が求めるタイプの人物かどうかを判定する場でもありますし、コミュニケーション力を試す場でもあります。したがって、面接において以下の三点に注意して欲しいのです。

# 1　面接で求められるものを知っておく

一般に「面接は正解を答える口頭試験」であると考えている方が多いようです。これは完全な誤解で、企業は面接を通じて学生に正答を求めているのでもなければ、プレゼンテーション能力を求めているのでもありません。いわゆる「プレゼン上手＝コミュ上手」というのは、面接を受ける側の思い込みなのです。

もしもプレゼンテーションのスキルが決定的に重要であれば、今の時代、スカイプでも動画でも、面接の代わりになるものはあります。しかし、どの企業も例外なく実際に対面しての面接を重視こそすれ、廃止することはありません。つまり、一方通行のプレゼン形式では相手のコミュニケーション能力を確認できない、そのことを企業はよく知っているのです。

私はいま、企業研修や学校教育の現場でコミュニケーションの大切さをお伝えしています。そのなかで、かなり意識的にお伝えしているのが「行動の先にある目的」です。人の行動には必ず目的があります。たとえば、何のためにコミュニケーションを行うのかという目的を明確に定めなければ、決して成果を得ることはできません。

企業社会にも同じことが言えます。すべての行動や活動には必ず明確な理由があります。それは企業組織にとって当然のことです。もちろん、企業活動のあらゆることがすぐに大きな現金収入につながったり、または効率的な収益モデルとして成功するわけではないでしょう。

しかし、今は一方的にコストを負担をしているけれども将来は大きな事業に成長する可能性があるもの、当面は収益化が見込めないけれども結果として企業イメージの向上につながるものなど、明確にメリットを計算できる企業活動が遂行されます。行動には必ず何らかの明確な目的があるのです。

ですから、一見すると〝口頭試験〟のように見える面接も、企業側からすれば「優秀な人財を見抜いて、企業組織に貢献できる人を雇うため」という明確な目的意識に基づく活動なのです。

## 2 面接でアナタがすべきことは何か?

面接というシステムが企業活動の一環であって、組織へ貢献できそうなポテンシャルをもつ人財(学生)を採用する目的だとすれば、面接でアナタがなすべきことは一つです。自分がいかにその会社に貢献できるかを、自分なりに表現すればよいのです。

会社説明会などでは、人事担当の方や営業の方など、その企業を代表する社員がすばらしい説明をしてくれることでしょう。それはまた、非の打ちどころのない完璧なプレゼンテーションです。では逆に、企業の面接担当者が同じレベルのプレゼン能力を、就職活動をしている学生に求めるでしょうか？

たしかに、コミュニケーション能力には「これで良し」という到着点はありません。企業側は、それぞれの学生が伸びて行く可能性を面接でのやり取りで見出そうとしてます。そして重要な事実は、面接の担当者たちは明らかに学生たちよりも人生経験が豊富なのです。ですから、学生の立場で対等に渡り合おうとすることよりも、相手の胸を借りるくらいの意識で臨むほうがよいのです。

## 3　「話し上手」であることよりも大切なことは？

就職活動をするなかで大切なことです。まず面接を受ける企業での仕事について、きちんとリサーチはできていますか？　自分が就職したときのことを具体的にイメージできていますか？

一般的に面接での話題といえば、サークル活動やアルバイトでの「成功談」が花盛りのようです。しかしながら、たいして身を入れてもいなかったサークルの話やバイトの話を「盛って」話すとか、高校時代のクラブ活動や文化祭での活躍などの話題は、すべて的外れなアピールです。要するに、コミュニケーション能力を自分でアピールをすればするほど、逆効果になります。

そして、良い成績も受賞歴も決定的に重要なポイントではありません。むしろ「地味な仕事（勉強）に熱心に取り組んでいる」「目標を立てたがなかなか目指す成果が出なくて苦労している」といったことは、むしろ企業への適性を想像させる、非常に有益な材料になります。プレゼン能力のあるなしで採否が決まるのではなく、真面目にコツコツと取り組むことができる忍耐力、さらに堅実なコミュニケーション能力の確認こそ面接の目的なのです。

ここでもう一つ「即戦力」について考えてみることで、就職活動をする学生の皆さんに求められる力とは何であるか、ひも解いていきましょう。就職活動においてよく耳にする「即戦力」とは、いったい何か？

読んで字の如くで、おおよそのイメージはつくかもしれませんが、具体的に即戦力とは一体何でしょうか。実は「即戦力」には大きく分けて二つ要素があります。

一つは、就職する前から、専門的な知識や技術を習得しており、就職してすぐに会社や企業での戦力として中心的な立場で活躍できる能力をもっていることです。もう一つは、特別な専門的知識や技術はないけれどもコミュニケーション能力が非常に高くて対人関係を築くスキルが優れていたり、高い環境適応能力をもっていることです。さらにつけ加えれば、自分のとるべき行動を瞬時に判断し、会社のために動けるというのも、この意味の即戦力です。

前者の知識や技術という要素はわかりやすいですが、後者は面接などではすぐに気づいてもらいにくく、また会社によっては即戦力の要素とは判断してもらえない場合もあります。では、そういった現実のなかで、就職活動をする学生に本当に求められているものは何なのでしょうか。

経済産業省が提唱している『社会人基礎力』という考え方があります。この考え方によると、社会人基礎力は次の三つの能力に分けられます。

- 前に踏み出す力（アクション）
- 考え抜く力（シンキング）
- チームで働く力（チームワーク）

そして、これらの三つの能力はさらに１２の要素から構成されますが、要するに社会や地域でさまざまな人と関わり、仕事をして行くうえで重要とされる基礎的能力のことです。会社や企業では、まずこれらが大切だと考えられています。

なかでも、もっとも比率が高いのがコミュニケーション能力です。とはいえ、「自分はコミュニケーション能力がある」と面接で自らアピールするのは得策ではありません。自惚れの強いあつかましい人物と思われてしまうからです。就活生のコミュニケーション能力への評価は、面接を通して相手が判断することだという事実を忘れないようにしてください。

コミュニケーション能力は、話す力、聴く力、読む力などの要素に分けることができます。そして大切なことは、自分の思いや考えを相手にしっかりと伝えることだけでなく、相手の話に耳を傾け、自分と相違した意見や考えをもつ相手に理解を寄せたり、その場の空気を読んだり、相手の心を読み取ることなども、コミュニケーション能力の一部だということです。

繰り返しますが、プレゼン能力はコミュニケーション能力と比例するわけではありません。むしろ、過剰なアピールは「扱いにくい人物」と判断される可能性があることも頭に入れておきたいところです。

また、コミュニケーション能力のほかにも、「主体性があるかどうか」が就職活動において重要なポイントとなってきています。人事担当者も、学生が自らの考えで行動できるかどうか、自分の意思や意見をしっかりともっているかどうか、なども判断の基準として見ています。

たしかに就職してすぐには、周りに教わることばかりで主体性がなくても仕事をすることはできるかもしれません。そういった意味では、即戦力として専門的な知識や技術を有する人が重宝されるのも現実にあることです。

しかし長い目で見て、状況の変化に合わせて臨機応変に自分のすべきことを判断でき、その判断によって自ら行動できる人は、ただ単に知識や技術に頼る人よりも強みがあるとも言えます。実際、知識や技術は時とともに陳腐化する傾向がありますから、常にアップデートする必要もあります。

誰しも「即戦力」と評価される能力があってマイナスになることはありません。しかし、大事なのは社会人基礎力に代表される極めて基本的な部分であることも事実です。しかも、これらは日常のなかから学び身につけることができるのです。

いま就職活動中の方も、来年以降に就職活動を控えている方も、ぜひ社会人基礎力を磨いてください。「誰にでもできることだからこそ、個人差が大きく出る」ということなのです。

最終講義
②

# 新入社員の皆さんへ

厳しい就職活動を終えて、やっと会社組織の一員としての生活が始まったとたん、皆さんには次の課題が大きく立ちはだかります。そのなかでも最も重要でまた難しいと思われるのは〝自分たちとは世代の違う人たち〟とのコミュニケーションです。そこで、最終講義として、この課題への取り組み方をお伝えしましょう。

今までどれほどコミュニケーション面で苦労をしたことがない人であっても、環境が変われば当然、これまでのやり方が通用しなくなります。

もちろん皆さんも、社会に出れば学生のときとは「違うもの」を求められるのだと、理屈では知っていたでしょうし、何となく漠然とは想像していたでしょう。それが、現実となって目の前に突き付けられるのです。

それで、まず職場ではどんなことに気をつけるべきでしょうか？

そして、いかにしてコミュニケーション力に磨きをかけて行くのがよいのでしょうか？

その答は『基本的なことを大切にする』ということです。例えば、「あいさつ」や「返事」ということ。会社の上司や先輩たちは多くの場合、入社間もない皆さんに仕事上のスキルについて多くは期待していません。一般的には、新人に「即戦力」としての活躍を求めることはないのです（中小規模の会社では例外もあり得るでしょうが）。むしろ、新入社員には、仕事の流れや上司の指示を「正確に理解し行動できる」ことを求めていると思ってください。

もとより、すでに何年も現場で経験を積んでいる先輩たちとすぐに肩を並べることが難しいのは当たり前なのです。それよりもっと大切なことは、「誰にでもできること」ほど個人差が出るということです。

そこで、具体的にはどこにポイントを置くのが良いかを次にお伝えします。

新入社員にとって、自分の上司と円滑にコミュニケーションを取れるかどうかは、かなり重要なビジネススキルです。ここでいきなり否定的な評価が出ると、そのあとが相当にきついことになります。

「あいつ、話が通じないぞ」

「どうも気の利かない奴らしい」

入社早々そんなふうに見られたら、そのレッテルを剥がすのは大変です。評価を高めるのには数年かかっても、評価を下げるのには数日で十分ということです。

会社で仕事を進めるうえでは、周囲との連携が必ず求められるわけですが、そのためには上司の協力が必要不可欠です。また、上司とのコミュニケーションが円滑であれば、新入社員はスキルを磨くうえでとても有利になります。

そこで「上司との接し方に悩む新入社員」の皆さんに、新入社員が上司と円滑にコミュニケーションを行うための三つのコツをお伝えします。

# 1 わからないことは時間をおかないで訊く

入社したての新入社員は、会社の規則から仕事の運び方まで「何もかもがわからないことばかり」です。ガラリと環境が変わり新しい世界に踏み込んだのだから、最初は何もできなくて当然です。しかし、会社という組織の一員として、どうにかして業務をこなしていこうとする姿勢は誰もがもっているはずです。そこでまず、新入社員の仕事に臨む際の姿勢として大切なのは、わからないことは上司や先輩にすぐにたずねることです。そうです、間違っても「デキる新入社員を装わない」ことなのです。

新入社員が勘違いしがちなことなのですが、自分を『デキる新人』として扱ってもらおうと背伸びする人が見受けられます。つまり、何でもかんでも自分一人でやってのけようという姿勢です。これは客観的に見れば〝勢いだけ〟なのですが、上司からすれば〝出来ない新人〟の空回りでしかありません。

このように、新入社員は間違いを無くすために「何でも質問する」というのがとるべき基本スタンスであり、上司もそれを理解しています。ですから、よほど変な質問でもしない限りは、「こいつ、何も知らないのか」などと先入観をもたれることはないのです。それなのに、そんなふうに見られることを恐れて質問をせず、結局わからないままにしてしまうのはとても残念なことです。カッコつける必要はないのです。

「わからないのですが…」

と、何でも訊くことができる期間は限られているのですから、その間に大いに質問をして、上司や先輩とコミュニケーションをとりましょう。もちろん新入社員に限らず、どんな場面でも〝聴く〟ことはとても大切ですが、新人にとっては際立って重要なポイントなのです。

〝話す〟側では「伝える」「説明する」「指示する」「指導する」など、発信するための行動ばかりですが、新入社員が最初に身につけるべきものは聴く力です。ですから、こうも言えるでしょう。新入社員にとってまず必要とされるコミュニケーション・スキルは、「質問をする」「聴き取る」「従う」などの受け手としての能力だ、と。

「カッコ悪いから」という理由で理解を未熟なものにしたまま先に進んでしまっては、何も得ることはできません。仕事とは、相手がいて初めて成り立つものです。他人と関わりなく仕事を進めることのできる日など、社員として一人前になったとしても一日だってないのです。わからなかったり困ったりしたときは、素直な心で上司や先輩に質問すべきでしょう。

# 2 能動的に感謝の意を伝える

会社という〝世界〟では、上司や先輩に可愛がってもらってナンボです。まず、それを自覚することが出発点です。若くして起業して大成功を収めるような逸材は別にして、一般的な「組織のなかで生きて食べて行く」という道を選ぶ以上は、それを肝に銘じてください。そして、上司に可愛がってもらえる新入社員になるには、実はちょっとした秘訣があります。

もちろん、上司との間で「コミュニケーションが成立している」ことが大前提ですが、よい関係を築くうえでしっかりと心に留めておくべきことがあるのです。それは、新入社員として「感謝の気持ちを言葉にする」ことです。

新入社員が上司に感謝の気持ちを伝える。これは思っている以上に大事です。ふだん自分がお世話になっている上司へ「感謝の言葉」をうまく伝えられるかどうかで、上司と部下の関係がしっかりした信頼関係で結ばれるかどうかに大きく影響します。教えてもらうたびに、「ありがとうございます」と感謝を伝えるようにしましょう。間違っても、新入社員なんだから教えてもらって当然！　なんて態度はダメですよ。

たしかに、新入社員を育てるのも上司（管理職）の仕事の一部ではありますが、先ほども述べたように、もともと業務が多忙ななかで上司は時間を割いて仕事を教えてくれています。当たり前ですがそんな業務時間のなかでも、自分が教えている新人から「ありがとうございます！」とひとこと言われただけでも嬉しいものなのです。

「以前、ご指示頂いたとおり○○しましたら、よい結果を出せました。ありがとうございました！」といったように、具体的に感謝の意を伝えられれば非常によいコミュニケーションのかたちと言えます。当然、上司から「育てがいのある部下」として、さらに可愛がってもらえるはずです。

## 3　食事をする

昨今、業務が終了した後（アフターファイブ）や昼のランチ時に上司から誘われることをストレスに感じる若い社員が多いと、よく耳にします。これは本当にもったいないことです。

実は、ふだん仕事をしているときとは違った環境でコミュニケーションをとることで、人間が心理的に大きな影響を受けることが知られています。要するに、上司のいつもと違った一面が見られる可能性も大きいのです。

一般的な会社であれば、新入社員が上司との円滑なコミュニケーションをつくり上げるうえでいちばんの近道となるのは、〈一緒に食事に行く〉ことでしょう。夜の飲み会の誘いにまで毎回ついて行くべきとは言いませんが、それでも誘われたときには断らずに、極力ついて行くのをお勧めします。むしろ日本企業では、それも業務のうちかもしれません（業界の慣習や社風もありますから、一概には言えないのはもちろんです）。

業務外の時間を一緒に過ごすわけですから、職場では見えなかったいろいろな部分が見つかります。昼間は生真面目で腰の低い人が、酒の力で大声で怒鳴るかもしれません。それもまた、あなたにとって大きな情報です。

また、これまで知ることのなかった上司や先輩のプライベートな面を知ることで、思わぬ共通点が発見できるかもしれません。さらに、社内で昼間は話せないような「人間関係についての裏話」を教えてもらうにもよい機会になります。そうした知識は、組織のなかで生きていくには、実はとても重要だったりするわけです。

新入社員が上司の誘いを受けたほうがよい理由はいくつかありますが、以下のような意味合いが大きいので、誘いは受けるほうがよいでしょう。

- 上司とのコミュニケーションを円滑にすれば出世が近づく
- 相手は日頃の疲れを労ってくれている
- 上司に誘われている＝可愛がられている、期待されていることの裏返し昔から「付き合いも仕事のうち」と言います。いくら仕事で頑張っていても、上司から嫌われている人は出世ができず、逆に「お調子者の世渡り上手」がどんどん出世することはよくあります。出世できない人が、いくら「それはおかしい」と言ってみてもどうにもなりません。もともと、社会は学校とは違うのです。成績順に何かが決まることはないのです。

そして、一度上司から〝つまらない奴〟という烙印を押されると、挽回するのは至難の業です。くれぐれも注意してください。

このように、新入社員が上司と円滑なコミュニケーションを図るために必要な三つの力とは、わからないことはすぐに質問して『聴く力』、お世話になっている上司にきちんと感謝の意を伝える『お礼を言う力』、そして、誘われたらついて行く『お付き合い力』なのです。

入社したての新入社員は、知らないものだらけなのは当たり前です。自分の力でどうにかしようと意地にならずに、頼れる上司に寄りかかってしまいましょう。そこでのコミュニケーションをもとに、上司と新入社員の関係は築かれていくのです。

最終講義

③

# 上司・先輩の皆さんへ

おそらく、「最近の若い者は……」という台詞がつい口を突いて出てくる日々をお過ごしのことでしょう。でも、嘆いているだけでは上司として〝失格〟です。嘆くだけなら誰でもできるからです。そこで、部下を〝使える人財〟に育て上げるための方策です。

まずは、若い部下との間で信頼関係を築かなければどうにもなりません。それには、いろいろと方法がありますが、ここではまずコミュニケーションの頻度・密度を高めて、よりよい信頼関係を築く方法についてお伝えします。

特に今の若い方々は「結果がすべて」という教育環境で育った影響で、強い成長願望をもっています。ですから、いくら上司の指示であっても、「自分の成長に結びつかない」と思えば、なかなか動こうとしません。それどころか、「いつかは転職する」という思いすら頭にあるため、「上司の言うことは無理にでも聞かねばならない」という意識はかなり薄くなっているのです。

そこで、今どきの上司と部下を結びつけるもの、それが〝信頼関係〟ということになるのですが、これは言うは容易いですが、簡単に築けるものではありません。部下との信頼関係を築くには〝共通認識〟が必要となり、それには何よりも普段からコミュニケーションの頻度・密度を高めるように意識していなければ、なかなか実現は難しいと言えます。

まずは接する機会を増やすのは当然のこととして、それなりの仕掛けが必要になってきます。

そこで有効なのが次の三つです。

- 上司から働きかける
- 雑談を大切にする
- 仕事モード以外の場を利用する

## 1 「上司から働きかける」について

「上司から働きかける」のが部下とのコミュニケーションの基本です。若い方々は、ともすると自分の親よりも年上かもしれないくらい年齢が離れている上司に対して、どう話しかけるべきか躊躇してしまうことが多いものです。たとえば、あいさつ一つするにも緊張しています。そんなときに、上司が「あいさつは部下からするものだ」と勝手に決めつけて、部下があいさつするまで黙っていると、ただでさえ緊張している部下は、自分が無視されているかのように感じて必要以上に萎縮して心を閉ざしてしまいます。

「あいさつは部下からするものだ」というお気持ちもわかりますが、こういう場面では小さなこだわりは捨てましょう。出退社時には上司から声を掛けて、部下が上司とのコミュニケーションを受け入れる土台をつくってあげましょう。実際、あいさつ程度の小さな行き違いが、上司と部下の間に溝をつくっていることもあるのです。

## 2　上司とコミュニケーションを取ろうとしない若手社員

多数の企業管理職の方々にお話を伺っていると、「部下との対話に苦労している」と仰る方が目立ちます。いったい、部下と良好な関係を築くためには、どのような心がけや行動、そして言葉かけが有効なのだろうか？　それを知りたいご様子です。

田の字型に机が並び、互いの顔がすぐ目の前にあって、仕事内容はもちろん、何を考えているかもすぐわかる。そんなオフィスもいまは昔で、目の前のパーテーションやパソコンノモニターが仲間の顔を遮っている。何ごともメールで行うから会話もない。電話もあまり鳴らない。パソコンに向かっていれば仕事が済む時代になったが、あまりに会話がないため、上司としては心配になる。

そんな状況で部下と接するには、まず既成概念を取り去り、発想を転換することが必要となります。上司（管理職）の立場からすると、若い部下は理解しがたいかもしれませんが、部下の彼らからすれば、上司こそ今まで付き合ったことのない〝訳のわからない人〟なのかもしれないのです。

学校では、先生の話を一方的に聞いて大人しくしていればよかった。家に帰れば、少子化で兄弟は少ないし、父親も多忙で不在がちということで、せいぜい母親としか会話がない。そんな若者が増えているとしても、まったく不思議ではありません。

彼等は会社でのコミュニケーションを一切拒絶しているのではなく、どうやって上司や先輩、同僚と付き合えばいいのか、さっぱりわからないだけなのです。とりあえず「飲み会」に連れて行けばいいだろう、などと昔なら言えたのですが、そもそも年上の人と飲みに行った経験があまりないのですから、ただ行くだけではコミュニケーションの質・密度の向上にはすぐにつながりません。

こうした課題に関して言えば、若い人たちに「こちらの〝土俵〟に上がって来い」と強いるのではなく、自ら部下の〝土俵〟に上がってみるという、ある意味で大胆な発想もよいのではないかと思います。

話を振るにしても、『君は休日は何をやっているのか？』とか『将来の夢は何か？』とかいうような杓子定規な質問ではなく、たとえば『最近観た映画は何？』でもよいし、『好きなアイドルは？』でもよいし、まずは相手が話したがるようなテーマを選ぶのがよいと思います。そのときのイメージは、プロ野球での「ヒーロー・インタビュー」です。仕事やプライベートで得意とすること、誇りに思っていることを自由に話してもらうのです。

新人であれば、『学生時代にいちばん力を入れて頑張ったことは？』という質問を、入社二、三年目の若手だったら、『この間のプロジェクト、うまく行ったな。どういう秘訣があったの？』とか『パソコンのデスクトップ、すっきりしているな。何か特別なツールでも使ってるの？』といった、いかにも相手が話したがりそうなお題を振って、好きなように話をしてもらうのです。

相手の答えによっては、あなたが部下から学ぶことがあるかもしれません。ただし、この場合には若い社員が話しやすいお題を振ることが求められますから、日頃から部下のことを観察しておく必要がありますね。

また最近、新人が悩みを抱えて孤立したりしないよう、少し年次の高い先輩をお目付役（メンター）につける会社が増えています。そして、こうした施策がコミュニケーションの活性化につながったという事例もあります。でも気をつけなければならないのは、問題のある部下だけを対象にしないことです。それは、その部下が「自分だけがなぜ？」とすねてしまい、重い口がますます重くなってしまう可能性があるからです。

そもそも、同僚と無駄口を叩きながら和気あいあいとやるのが望ましいという考えも、時と場合によりけりです。仕事に支障がなければ、黙々と仕事をこなす人を非難できる筋合いはないのですから。

しかし、仕事のスタイルとして、そういう部下が自分の下にいるのは耐えられないという上司はどうすればよいか。それは、ときに無駄話のように聞こえる会話でも、実は自分のキャリアにも関係するような重要なことが含まれている可能性もあるのだと、徐々に刷り込んで行くことです。

『いまの部署から他の部署へ移る可能性もゼロではないから、君の価値観や将来の夢を上司たる私は把握しておく必要があるんだよ。そのためにも、家族構成や日常生活のことなどの情報も重要になるんだ。それがないと、君への接し方や仕事の振り方が意に沿わないものになってしまうかもしれない。そうなると、いちばん困るのは最終的に君自身ではないのかな？』とか。たとえば、ここまで話せば少しは口を開いてくれるのではないかと思います。ただし、詮索するような会話の進め方はなさらないでくださいね。

補論
①

# コミュニケーションのツール【e-メール】

## 1 メールという〝ツール〟への認識が違う

今や仕事をする上でもプライベートでも、メール（e-mail）は欠かせないものになっています。大変に利便性が高いものだからあっという間に広まり、皆それぞれが便利に使っているわけです。

そういう世の中の大きな流れのなかで、ここ数年の企業向け研修では、かつての「電話応対」に匹敵するほど、実に多くの担当者から『メールを使ううえでのマナーについて話をしてほしい』というご依頼をいただくようになってきました。

もちろん、電話応対も依然として大きなテーマではあります。電話が使われなくなったわけでもなく、特に一般の顧客に応対する現場では、電話は今も依然として大きなツールです。また社員同士の仕事上でのやりとりも、メールも使いますが多くは電話になります。ですから、電話応対でのトラブル回避等もやはり重要なテーマであることは強調したいところです。

さて、またメールに話を戻しますと、現在の職場ではメールでのやりとりに関していったいどんなトラブルが持ち上がっているのでしょう。それについては、後ほど具体例をご紹介します。まず、ここで一つ皆さんに認識しておいていただきたいことは、実は世代によって、メールという〝伝達手段〟への認識にかなりギャップがあるということです。

現在、各企業で管理職の立場にある世代は、多くの場合、大人になってから「後付け」でメールを知り、仕事で利用し始めた人たちです。一方、30代までの若い世代の人たちにとっては物心ついたときからずっと「慣れ親しんだ」ものです。やはりこの差はいろんな場面を見ていると歴然としています。

当然ですが、各世代ごとで、メールという〝コミュニケーションツール〟に対する認識はかなり異なるでしょうし、属する世代（年齢）と同時に、その人が働いている業界によって、また職種によって、その使用頻度や使い方に大きな差があるとも考えられます。

たとえば若い層では、〈とりあえず何でもメールで連絡する〉のが一般的な感覚であるのに対して、大人になってから使い始めた〝後付け世代〟では、〈何から何までメールで済ませるやり方〉には違和感を覚える人も多いでしょう。実は今、こうした意識の落差が生むトラブルが仕事の現場では頻繁に生じているのです。そして、私がここで特に申し上げたいことは、どんなツールにしても、〝状況に応じて使い分ける習慣〟を身につけることの大切さです。とりあえず現在、メールという伝達ツールを圧倒的多数の人たちが公私ともに広く利用している以上、これを「使わない」ということは考えられません。しかし、何でもかんでも伝達手段はメールにしようと、仮にあなたの側が一方的に考えても、相手がそれに対応してくれるかどうか、それはまた別問題です。

具体的に言えば、コミュニケーションの力がいちばん必要なとき、お互いがしっかりと情報を交換しなければならないときとは、「相手にとってマイナスな情報を投げかける」ときなのです。それは、もっとわかりやすく言えば〈言いにくいこと〉を言わなければならないときです。

こういうときほど実はきちんと対面して、自分の言葉でしっかりと、相手に言うべきことを的確に伝えなければなりません。そしてあなたも、相手の反応を直に感じ取ることが大切になります。そこで、相手にとってマイナスな情報を投げかけるときのうまいやり方として、その選択肢を優先順位をつけて整理すると、次のようなことになります。

- 実際に相手と対面して話をする
- 電話で《自分の言葉》で伝える
- まずは《一報》を入れるという形で、とりあえずメールを送る→ただし、後で対面するか電話をしてフォローすることが必要

どんなことでもそうですが、自分にとっても相手にとっても〝言い難い話〟だからといって逃げてはいけません。むしろ、事態が悪化することになりがちです。言い難いことを言わずして、相手と良好な関係を築くことは難しいのだ、と覚えておいてください。

## 2　メールは〝送信したら終わり〟ではない

メールの利点は、送る側も受け取る側も「時間に拘束されない」というところです。この利点がとても大きいので、ここまで皆が利用するようになったのだとも言えます。しかし、大きな落とし穴もあります。それは、あなたがメールを送っても、

**相手があなたの期待するタイミングで開封してくれるとは限りません**

から、あなたはまず、メールの送信・受信はお互いが都合のよいタイミングで勝手に行っているだけなのだ、という現実を認識してください。まだまだ一般的には、仕事関係のメールを確認するのは朝と夕方だけ（職場で）という人も多くいます。仕事のメールは会社のパソコンで見るだけの人もいるでしょう。そのように、あくまで各個人の生活のリズムや仕事のリズムに合わせて使われるのがメールなのだと、ここでもう一度認識しておきましょう。

さて、もう一つの大きな利点として、メールは「記録に残る」ことがあげられます。これは、お互いのために記録を残しておきたい場合には特に有益です。トラブルが生じたとき、電話では〈言った言わない〉の話になりがちです。そうした不毛な言い合いを避けられる利点は大きいと思います。

たとえば、かつて為替取引の現場などでは、会話はすべて録音されました。今でもそうかもしれないです。為替ディーラーの仕事では、取引の「売った、買った」を英語でやり取りしているため、トラブルが多かったそうです。あとで証拠が残るように録音したわけですね。

このように、メールはとても利点が大きいので、今さら利用するのを止めるということはできませんが、同時にメールは、利用する人の使い方や利用頻度などに大きな差がある通信ツールですから、あまり頼りすぎると危険です。目的や相手によって使い分けることがカギになると言えるでしょう。結論としては、

何もかもメールで済ませようという考えは危険だ

ということです。これは十分に理解していただきたいことです。

## 3 文面を解釈するのは相手なのです

メールを使う利点として、次の二点を挙げました。

- 送信者も受信者も時間に拘束されない
- 記録に残る

この利点と同時に危険な要素があることも前項で指摘しました。さらにここで、大切なこと

について説明したいと思います。言うまでもなく、メールは主に〝文字〟を使って自分の気持ちや考えを相手に伝えるツールです。ですから、きちんとした（それなりに内容と形式が整っている）文面でなければ理解してもらえません。このことは、「そんなことは言われなくても当たり前だ！」と言う人たちに、何度も注意を喚起したいほど大切なポイントです。

そもそも、あなたの文字・文章を読んで解釈するのは誰なのでしょうか？　それは「受信者」です。つまり、メールを読む人が解釈するのです。それでは「解釈」とはどんなことでしょうか？

それは、受信した人が送られてきた文面や資料などを読み解き、その内容を理解することです。つまり、受信者が自分の物差しで読み、あなたの文章を自分なりに解釈するということです。

ここまで言えばもうおわかりですね。すなわち受信者（相手）は、送信者であるあなたの「置かれた事情」や「もともとある思考の癖」などに想いを巡らせながら、あなたの送信した文章や資料を追いかけてくれるわけではありません。あくまで「自分の置かれた事情」と「自分の思考」のなかであなたのメール内容を理解します。

また、当然ですが、これはあらゆる「文章」について言えることです。したがって、特にメールの場合に限った話ではありません。しかし、ビジネス上の文章という括りで相当な比重を占める「メール文」は、かなり簡略化された文面では、あなたの送信した内容が相手の誤解や無理解に絡み取られて、トラブルにつながる危険性が大きいのです。

この危険性（リスクが存在すること）は強調してもしすぎることはありません。とにかく、メールに関する不注意で過去に多くの〝悲劇〟が生まれています。今一度、「読み手は自分に都合の良いように解釈する」という事実をしっかりと認識しておいてください。

**そういう意味じゃないんです！**

という台詞は後の祭り。友達同士の連絡ならともかく、ビジネスはそんな甘いものではないのです。

また、メールのやりとりについては「客観的に見て危険ゼロ」という状況はまずないです（なぜなら、相手がメール文を読み取る能力や解釈する能力と感性にすべてを依存してますから）。そこで、送信者（発信者）の側で生じるリスクを少しでも減らすことが重要なのです。そのためには、送信者は表現の仕方に十分に注意しなくてはならないのです。それならば、具体的にどうすればよいのでしょうか？　それは、

誤解を受けないような、わかりやすい（相手が理解しやすい）文章をつくることです。これは相手があることですから、客観的に100パーセント大丈夫（リスクゼロ）というレベルはなかなか難しいでしょう。とにかく少しでも、平易で正確な表現を心がけることが大切

です。

そのために、自己中心の独りよがりな書き方、あいまいな表現、勝手な思い込みによる独断的な表現、主語不明の文章、こういう内容では誤解を招いてあとあとトラブルのもとになります。

《メール文作成の注意点》

・一文を短くして、簡潔に表現する
・まわりくどい表現をしない
・読み手のことをイメージしながらメールを書く
・内容が込み入ったものである場合には、なるべく直接対面して話せる場をつくるようにする
・誤字脱字はもちろんのこと、誤解を招くような表現がないか念入りにチェックして送信する
・可能であれば第三者の目でチェックしてもらう→自分が伝えたい内容に近いものになっているか確認する

ここにあげた点はとても基本的なことです。でも、非常に重要なことです。こうした「当たり前のこと」が常日頃からしっかりできている人は誰からも信頼されます。ぜひ、ご自身のメールがよりよいものになるように、自分のやり方も加えて工夫してください。

## 4 文章表現や間の取り方も工夫しましょう!

さて、前項で「わかりやすい」ことをポイントとしてあげました。これはとても大切ですし、また実行するのはそれなりに難しいことです。何しろ、《何がわかりやすいのか》は相対的な基準だからです。たとえ〝同じ表現〟であっても、相手が違えばまた理解のしかたも理解度も異なるのです。ようするに、受信者側の〝解釈〟に少しずつ違いが出てくるのです。

それでは、あなたがいちばん伝えたいことを、相手に間違えないように(誤解されないように、正確に)伝えるためには、どんな工夫ができるのでしょうか。それは、あなた自身が、相手に伝えるべきメッセージのどこに焦点を絞るかを意識することです。あなたが「このメッセージで最も言いたいのはここですよ!」と、しっかりと意識して文章を練れば、受信者のほうでも「そうか!　あの人がこのメッセージでいちばん言いたいのはこういうことか!」と明確になります。

メールの話から少し離れますが、たとえば美術館で絵を観るとします。あなたがお気に入りの画家の絵を観るためにいそいそと展示室へ行くと、もう数人が絵の周りにて熱心に鑑賞中です。人々は年齢も身長もバラバラです。また、いろいろな方向（角度）から同じ絵を観ていきます。当然、照明の反射などもあるので、観る人の視線の高さや立ち位置による左右の角度によって、少し違った〝観え方〟になるでしょう。さらに、人それぞれに注目する部分が違うかもしれません。

描かれているのが女性の人物画だったら、ある人はふっくらとした女性の頬に注目するかもしれません。あるいは背景の描かれ方であったり、前に組んだ両手の指が不思議なカーブを描いていることとか……。とりあえず、人々の注目する点はバラバラになりがちです。

しかし、たとえば誰かが（学芸員さんでもいいです）、その絵のどこに特に注目してほしいのかをアナウンスすれば、そこにいる人たちは絵の〝その部分〟をいろいろな角度・距離から何度も観ることになるでしょう。正面からジロジロと観たり、やや離れたところで観たり、斜めから観たり、自分で工夫しながら必死で（?）鑑賞します。

すなわち、アナウンスが人々の視線を一点に集めて、いろいろな角度や距離で観させることが可能になります。結果として、その絵の観るべき部分（画家の期待した部分？）をじっくりと鑑賞してもらって、その絵が「訴えること」や「売りにしているところ」を理解してもらえるのです。

メールの話に戻ります。社会人の多くは限られた時間のなかで仕事をしています。当たり前ですが、メールのチェックにも時間はそれほどかけられません。ひとつひとつのメールの文面をじっくりと味わいながら確認もしません。ですから、「回りくどい表現で書かれているメール」や「何が言いたいのかはっきりしない文章」は迷惑千万なのです。

誰にも経験がありますね。そうした「意味不明メール」や「意図不明メール」をもらって、困った挙句に相手に電話して確認した経験が。

「そちらからメールをいただいたのですが、ちょっと確認させていただきたくて」

一般的にはビジネスメールでは、フォントの大きさでいろいろと差をつけたり、文字の色を変えて一部を強調するという方法はあまり使いません。どこかを強調する場合には、単純ですが、その部分の前後で〈行間を空ける〉という方法があります。これは話をするときにも使えるテクニックですが、ようするに「間（ま）」をうまく利用するのです。

メールはほとんど文字での表現になります。相手に内容や意図をきちんと伝えたいという気持ちが大きいほど、PC（あるいはスマホやタブレット）のモニター画面いっぱいに文字がズラリと並ぶというのはありがちなことです。しかし、そのようなメールを受け取った人の心境はどうでしょうか。そこも考えないといけません。「わぁー、もうウンザリ！」という声が聞こえてきそうです。

でも逆に、あまりにも簡略なメールだと「言葉足らず」で誤解を与えて、そこからトラブルを生む可能性も少なくありません。そこで、重要部分の前後などで行間を空けて、相手が目で文字列を追いかけるときにも、まるで〝歌を歌うとき〟のように息継ぎができる、このような工夫が活きてきます。

皆さんも一度、お時間があるときに、自分がこれまで受け取ったメールを読み返してみたらどうでしょうか。そのメールがどうして読みやすいのか、または読み難いのか、自分が受け取ったメールを落ち着いて見直して分析をしてみてください。そこには、ふだんはなかなか気づくことができなかった発信者の工夫と失敗が見て取れるでしょう。そして、なかにはあなたの心を強く動かしたような〝名文〟が花咲いているはずです。

人間にとって、自分の従来の方法やスタイルを変えるのは何についても難しいものです。しかし、今のままで「もうよい」とするのではなく、何についてもよりよくするために工夫を重ねることが成功への道です。また、どのように工夫するべきかを知るために、常に自分でアンテナを張りめぐらしておくことも必要不可欠です。

## 5　メールは件名が大切

これは多くのビジネス書でもアドバイスされていることです。すなわち、メールの件名は内容が推測できるようにつけましょう！

これは、毎日たくさんのメールを送受信している方ほど、件名で開封の優先順位をつける傾向があるからです。想像してみてください。受信ボックスにズラリと並んでいるメール。誰もがそのなかからまず、「重要なもの」「緊急性の高いもの」と判断できるメールを開封するはずです。そして、そのときの判断基準は〈送信者名〉と〈件名〉です。それが理解できているなら、件名がとても重要な意味をもつことは、私が言うまでもありませんね。

書籍にしろ、音楽の楽曲にしろ、そのタイトルの付け方は〝ヒットするか否か〟を大きく左右する要素であると言われます。具体的に言うと、文字数に限りのあるなかでいかにして相手にインパクトを与え、注目させるか、ということです。

それは、メールボックスに入っている多数のメールのなかから、相手に優先的にクリックしてもらうために必要な手順なのです。受信者に早く読んでもらえるか否かの重要ポイントなのですから、ここで工夫しない手はありませんね。何となく無意識に適当な件名をつけると、内容もまたその程度だと判断されて、後回しにされてしまうかもしれません。

## 6 メールを受信した側がすること

メールというのは、送信側も受信側も時間に拘束されないというメリットが大きいため、ビジネスでも多くの方が活用しています。ただし、送信者は「もうメールを送ったから」と安心してはいけません。先にも触れたように、受信者もまた自分の都合の良いときにメールチェックをして、優先順位の高いと判断されたメールから順次開封して行くのです。当然、あなたのメールが最優先とは限りません。あるいは下手をすると、ずっと開封されないかもしれないのです。

すると、どんな状況になるでしょうか。送信した側では、相手からの反応がないと、

「ちゃんと読んでくれているのだろうか？」

と心配になります。そして突然に不安に襲われます。

「自分は何か、相手の気に障ることを書いたのだろうか？」

そして、送信したメールを何度も読み直して、

「この書き方はやはり失礼だったのだろうか？」

と、不安を感じ始めます。

こうした体験は、誰もが多少なりとももっているはずです。やはり受信した側でも、メールを受け取って開封したら、「とりあえず読みました」という反応は見せてあげたほうがよいでしょう。そして、受け取ったメールについて即答できないのであれば、

「内容についてのご返答は後日に」

という返事でもよいのです。こうした反応があるだけで、送信側は数日間は落ち着いて返事を待つことができるのです。精神的な負担はとても軽くなりますね。

一部には、メールは一方的なコミュニケーションであるという方もいますが、やり方によっては「お互い様」のよいコミュニケーション・ツールとして活用することが可能になります。便利なものをより便利に活用するためには、ひと手間かけるということを覚えておいてください。

補論②

# コミュニケーションのツール【SNS】

# 1　SNSの利点と欠点はコインの裏表

ここ数年で勢いを増してきたのがソーシャル・ネットワーク・サービス（SNS）です。ウェブ上でのやりとりも、SNSではメールと形状が異なります。その大きな特色は、一部のコミュニティを除いて、一般的には発信した情報が不特定多数のメンバーに閲覧されるという点にあります。

そして、その特色が利点でもあり欠点でもあります。情報発信のツールとしては、発信した情報が多くの人の目に触れるチャンスをもてるのですから、広域にわたって情報を提供できるのが大きな利点です。上手に使えば飛躍的にビジネスを加速させる可能性をも秘めています。しかしまた、便利な一面が危険な一面でもあります。

たとえば、facebookを考えてみましょう。facebookの場合には、「設定」によってどこまでの情報を相手にアクセスさせるか、決めることができます。最大限にオープンな設定をすれば、あなたの顔写真、氏名、生年月日、電話番号なども（書かれていれば）誰にでも見ることができます。自分の情報を公開して多くの人に知ってもらえるわけですが、逆に悪用される可能性もあります。特に女性は注意が必要です。

さらに、SNSを利用する場合の注意点としてもう一つ指摘することができます。メールと違い〈不特定多数〉を相手にしているため、相手が具体的に見えないことです。ブログにしろfacebookにしろ、投稿する文章を綴るときには、誰もが端末に向かって孤独な状態であるケースが多いわけで、どうしても自分の世界に浸ってしまい、読み手のことまで考える余裕がないことです。

ようするに、相手（読み手）の事情を察するのが疎かになりがちです。そうなると、せっかく発信した情報も相手にとっては心地の良いものでなかったりします。目の前にいる人に向けて話をするときには相手の反応を見ながら言葉を選ぶことができますが、SNSではそうはいきません。こうした場合には、自分が投げかけた言葉への反応を見て、その後に軌道修正していくこともできます。そうは言っても、相手が不特定多数であることも事実なので、どういた層にターゲットを絞るかという課題は残されます。

一般的に言えることは、不特定多数への情報発信において必要なのは、自分が発信するメッセージを「どんな人に届けたいのか」を常に具体的にイメージしながら文章をつくることです。もちろん、イメージしたからといっても、そういう人だけが閲覧してくれるわけではありません。むしろ、それを望むのは無理とも言えます。しかし、言葉を選ぶときの基準（選択の基準）が明確になると、不思議なことにターゲット以外の人が閲覧した場合でも不快な思いは与えなくなるようですし、メッセージが相手の心に届くケースが多くなるようです。

もっと言えば、大切な人に気持ちを込めて手紙を書いているような感覚で〝言葉選び〟をしてみると、気持ちや伝えたいことが相手に届きやすくなるのだと認識してください。

## 2 便利ではあるけど、振り回されてはいけない

ネット依存症、SNS中毒などと、ネットのバーチャルな世界に振り回されている人たちをやや空恐ろしい表現で呼ぶことがあります。実際、携帯電話をスマートフォンに切り替えたあたりから、さらにそのような「振り回される人」が目に付くようにも感じます。

ネットに振り回されるようになると（ゲームでもSNSでも、またメールのやり取りでも）、時間を浪費するのが大きなマイナスです。同時に、日常の関心が特定のものに集中してしまうことで、周りが見えなくなることも怖いことです。

ですから、便利なものを上手に使って時間や労力を軽減する―そういう考えのもと、ご自分で時間管理をする、また使い方についての方向性を明確にしておく、そうしたことが、SNSなどの新しいツールやネットそのものに振り回されないコツではないでしょうか。

いつもインターネットにつながるツールを置いておくことで、大きな安心はあるけれど、膨

大な情報を一気に受け取ることで迷いが生じることもあります。人には〈知っておくと安心な情報〉と〈知ってしまったからこそ不安になる情報〉があることを認識しておいてください。

もちろん、仕事をする上で必要最低限の情報を常に携えておくことは大切なのですが、

**自分がどこまで把握しておく必要があるのか？**

ということを考えて行動するようにしてみてください。そのためには、目の前のコップのなかの渦をジーっと見つめているのではなく、全体像をイメージして、自分の立ち位置を認識することが重要になります。

近年登場した便利なコミュニケーションツール、これらによって、常に行われる仕事上の「選択」や「決断」のスピードは加速しました。同時に、「待つこと」に苦痛を覚えるようになったことも事実です。いま一度、ここで自分が便利に使っている道具を客観視して、どのように使うことが自分のライフスタイルにとってベターなのか、それを考えてみてもよいと思います。便利なもので不便にならないように気をつけたいですね。

# おわりに

本書を手に取り、最後までお読みくださり本当にありがとうございます。

私自身が研修やセミナーといった形で企業や教育現場に伺ったときにお話を伺うと、多くの方が人間関係やコミュニケーションについてお悩みや不安を抱えていらっしゃることに驚かされました。

実際、仕事以外でも人との関わりは常に勉強ではあります。

そこへ「ビジネス」が絡んできますから、余計に考え込んだり　動きにくくしたりするのだと感じております。

かつて長いお付き合いをさせていただいているクライアントの企業で、社内のコミュニケーション「報告・連絡・相談」に関して、情報共有の基準を明確にしたら、社員の皆様が迷うことも少なくなるのではと話を頂き、社内の「報告・連絡・相談」をマニュアル化する作業のお手伝いをさせていただきました。

社員全員に丁寧にヒアリングを行い、それぞれの困りごとや悩みをお聴きしたのですが、それをまとめる段階で、どうも「コミュニケーションについてマニュアル化することは難しいのでは」という結論に至りました。

情報の共有という点ではマニュアル化が可能な部分もありましたが、コミュニケーションとなると目に見えない部分が大きな位置を占めます。

いわゆる「気持ち」ですね。

そこではケースバイケースという要素が大きくなりますので、各人が経験を積むことで能力が向上するということです。

つねづね私は、受講してくださる皆様に、

「コミュニケーションに100%はありません。確認することを怠らないでください」

「言葉だけに頼らないでください」

「場数を踏むことが学びに直結します」

と、毎回お話をさせていただいております。

人間同士の関わりをパターン化したりマニュアル化したりするよりも、

「今どうしてこうなっているのか？」

「こういうときは相手はどうして欲しいと思っているのか？」

ということを自分で想像することのほうが、実際に現場で生かすことのできる能力を身につける近道だと実感しております。

なぜなら、私自身が講師として登壇しているときも、受講してくださっている皆様お一人お一人とコミュニケーションをとりながらセミナーを進めているわけですから、私もこれを日々痛感してきました。


人は「自分には関係ない」と思った瞬間から、もう「聞く耳を持たなくなります」。

相手に伝えたい、ここは大事なので理解してほしいと思うときには、届けたい相手に「貴方にお伝えしていますよ」と、アクションもつけてお話をしております。

日常の会話でも同じですよね。

食事をしながらお話をしているのに、向き合っているはずの相手はスマホの画面ばかり見ていては、自分の話を聴いてもらえていないことが明白ですから、話すほうも白けてしまいます。


コミュニケーションはまず「空気づくり」から始まります。そんなことをお伝えできたら、という想いから本書を書かせていただきました。

現代におけるコミュニケーションの現場では、ツールがあまりに豊富にありますのでとても複雑な状態になっております。

しかし最終的には、「相手のことを知る」ことと「自分の想いを相手にわかるように伝える」ことが目的であることに、まったく変わりありません。

ツールが増えたことで複雑になった分、その場に適したツールを使うという選択肢も与えられたのですから、賢く使い分けましょう。

いわば、ツールに振り回されないことも、コミュニケーション能力の一つになっているのかもしれませんね。


人はいつも同じではありませんが、変化することに少々弱いところがあります。

でも、どんなときでも人との関わりは無くなることはありません。

いえ、皆が誰かと関わっていたいと思っています。

今回、皆様が少しでも人と関わることに関しての〝悩み〟が軽減することを願って、日頃感じていることを文字に表現してみました。

この先、皆様にとってより良い人間関係の構築のヒントとなれば幸甚です。

最後になりましたが、皆様のご健康とご多幸を心よりお祈り申し上げます。

二〇一八年二月

西野　樹美子

## ●著者紹介


**西野樹美子**（にしの　きみこ）

広島県出身　安田女子大学文学部卒業
金融事務，会計事務所勤務を経て人財育成のプロを目指す。結婚を機に一度は専業主婦として過ごしていたが，マナー講師西出ひろ子氏に師事し，人財の育成現場に戻るべく改めて学び始める。
講師として企業や学校教育現場での研修にて実績を積み，様々な要望に応えられるスキルを身につけ，現在はフリーとして独立し，おもに厚生労働省の案件や企業研修，学校教育現場，講習会など幅広く活動している。
多くの人と接する機会が多いことから，心理カウンセラーの資格も取得しコミュニケーション・人間関係構築のプロとしても活動している。



すぐに実践できる
**コミュニケーション読本**

2018年4月15日　第1版第1刷発行

著　者　西野樹美子
発行者　山本継
発行所　㈱中央経済社
発売元　㈱中央経済グループパブリッシング

〒101-0051　東京都千代田区神田神保町1-31-2
電話　03（3293）3371（編集代表）
03（3293）3381（営業代表）
http://www.chuokeizai.co.jp/





印刷／東光整版印刷㈱
製本／誠製本㈱

＊頁の「欠落」や「順序違い」などがありましたらお取り替えいたしますので発売元までご送付ください。（送料小社負担）

ISBN978-4-502-26591-4 C3034